Droit romain : **Le contrat litteris**

Droit constitutionnel comparé : **Les droits respectifs des Chambres en matière de lois de finances dans les constitutions de l'Angleterre, des États-Unis et de la France.**

# THÈSE

## POUR LE DOCTORAT

PRÉSENTÉE

### A LA FACULTÉ DE DROIT DE NANCY

PAR

### ALEXANDRE FAVRE

SESSION DE JUILLET 1880

### NANCY

IMPRIMERIE BERGER-LEVRAULT ET Cⁱᵉ

11, RUE JEAN-LAMOUR, 11

1880

Droit romain : **Le contrat litteris**

Droit constitutionnel comparé : **Les droits respectifs des deux Chambres en matière de lois de finances étudiés dans les constitutions de l'Angleterre, des États-Unis et de la France.**

# THÈSE
# POUR LE DOCTORAT

PRÉSENTÉE

A LA FACULTÉ DE DROIT DE NANCY

PAR

## PAUL-ALEXANDRE FAVRE

SESSION DE JUILLET 1880

NANCY

IMPRIMERIE BERGER-LEVRAULT ET C<sup>ie</sup>

11, RUE JEAN-LAMOUR, 11

1880

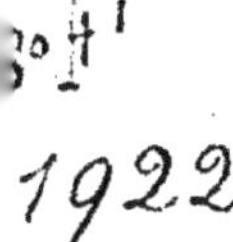

# FACULTÉ DE DROIT DE NANCY.

MM. LEDERLIN, I O, — Doyen, Professeur de Droit romain autorisé à faire le cours de Pandectes et Chargé du cours de Droit français étudié dans ses origines féodales et coutumières.

JALABERT, ✳, I O, — Doyen honoraire.

HEIMBURGER, ✳, I O, — Ancien Professeur de la Faculté de droit de Strasbourg, Professeur honoraire.

A. LOMBARD, I O, — Professeur de Droit commercial et Chargé du cours de Droit des gens.

LITTROIS, I O, — Professeur de Droit administratif.

DUBOIS, I O, — Professeur de Droit romain et Chargé du cours d'Histoire du Droit romain et du Droit français.

BLONDEL, A O, — Professeur de Code civil et Chargé du cours de Droit constitutionnel.

BINET, A O, — Professeur de Code civil et Chargé du cours de Droit civil approfondi dans ses rapports avec l'Enregistrement.

LOMBARD (Paul), — Professeur de Code civil.

GARNIER, — Agrégé, Chargé du cours d'Économie politique.

MAY, — Agrégé, Chargé du cours de Pandectes, autorisé à faire le cours de Droit romain.

CHAVEGRIN, — Agrégé, Chargé du cours de Procédure civile.

GARDEIL, — Agrégé, Chargé du cours de Droit criminel.

LACHASSE, A O, — Docteur en Droit, secrétaire, agent comptable.

# THÈSE POUR LE DOCTORAT

PRÉSENTÉE

## A LA FACULTÉ DE DROIT DE NANCY

PAR PAUL-ALEXANDRE FAVRE, NÉ A SAINT-PÉTERSBOURG (RUSSIE),
LE 1ᵉʳ OCTOBRE 1856.

L'acte public sur les matières ci-après sera présenté et soutenu
le vendredi 30 juillet 1880, à 4 heures du soir.

*Président*, M. LIÉGEOIS, *professeur.*

*Suffragants :* { MM. A. LOMBARD, } *professeurs.*
{ BINET, }
{ GARNIER, } *agrégés.*
{ MAY, }

*Le Candidat répondra, en outre, aux questions qui lui seront faites
sur les autres matières de l'enseignement.*

# DROIT ROMAIN

## LE CONTRAT LITTERIS

# LE CONTRAT LITTERIS

## INTRODUCTION

Je me propose de présenter dans cette étude l'exposé sommaire des conclusions de la science sur le contrat *litteris*. Je dis à dessein : des conclusions ; car elles sont fort diverses et le dissentiment porte sur presque tous les points de la matière.

Ce qui est acquis, et depuis longtemps, c'est ceci : le contrat *litteris* est un contrat formel dans lequel l'écriture joue le même rôle que les *certa verba* dans la stipulation ; c'est elle qui engendre l'obligation, le *vinculum juris* ; c'est elle qui constitue, par une force propre, la *causa civilis obligationis*, et donne naissance à l'action.

Ce contrat suppose en général une obligation antérieure, qu'il reproduit ou qu'il remplace. Cette opération constitue la *transcriptio*, dont les deux cas sont la *transcriptio a re in personam* et la *transcriptio a persona in personam*.

Il appartient au droit quiritaire, au droit strict. Son but et son utilité sont de substituer une action certaine, précise, à des engagements moins bien définis. Son objet est l'argent, ou une chose fongible.

En pleine vigueur à l'époque de Gaius, il a disparu au temps de Justinien.

A la condition de ne pas sortir de ces indications vagues, on est certain, ou à peu près, de rester dans la vérité. Ce sont quelques points fixes qui délimitent un vaste champ livré à la discussion.

On pouvait, jusqu'en 1876, espérer que l'accord se ferait dans l'école sur les nombreuses questions soulevées ; la doctrine tendait visiblement à l'unité. Mais il nous est venu un révolutionnaire d'Italie qui a renversé l'édifice péniblement élevé par cinquante années de recherches et rouvert des discussions sur lesquelles le silence semblait près de se faire.

Savigny[1] avait ouvert, en 1816, une voie dans laquelle tous les interprètes devaient s'engager après lui. Il fallait, selon lui, rattacher le contrat *litteris* à l'usage romain de tenir des livres domestiques, des *codices accepti et expensi* ; c'était par une inscription sur le *codex* que se formait l'obligation littérale ; c'était cette inscription qui engendrait le lien de droit.

Cette opinion semblait devoir passer à l'état de dogme. Universellement admise en Allemagne, elle était professée en Belgique par M. Maynz[2], en France par MM. Demangeat[3], Ortolan[4], Accarias[5] ; M. Gide, dans ses récentes observations sur le contrat *litteris*, croyait superflu de démontrer cette « vérité »[6].

La doctrine de Savigny reçut, en 1841, un développement nouveau ; Keller[7] émit, à cette époque, l'idée suivante :

1. Dans un mémoire lu à l'Académie de Berlin, le 14 novembre 1816. Il est inséré dans les *Abhandlungen der Berl. Acad.* de 1819.
2. *Cours de droit romain*, 4e édit., t. II, p. 363 et suiv.
3. *Cours élém. de droit romain*. Paris, 1867 ; t. II, p. 261.
4. *Explication historique des Instituts*. Paris, 1870 ; t. III, p. 241.
5. *Précis de droit romain*. Paris, 1878 ; t. II, p. 380.
6. *Observations sur le contrat litteris*. Paris, 1873. (Extrait de la *Revue de législation française et étrangère*.)
7. Dans l'écrit intitulé : *Ein Beitrag zu der Lehre von dem Rœmischen Litteral-Contracte*, qui parut dans les *Jahrbücher für Bearbeitung des Rœm. Rechts*, des frères Sell. T. I, p. 92 et suiv. Brunswick, 1841

L'inscription qui, sur le *codex*, donne naissance à l'obligation littérale, est une inscription double, comprenant une
*acceptilatio* et une *expensilatio*, toutes deux fictives. Et cette
opinion, que Savigny appuya de sa haute autorité, ne tarda
pas à devenir classique dans les universités allemandes. Aujourd'hui, M. von Salpius la présente comme certaine[1]. En
France, M. Gide a été le patron et le défenseur de cette
doctrine, qui compte parmi ses adhérents M. Accarias et
M. Maynz[2].

Restaient bien des points sur lesquels l'entente n'était pas
encore faite. Le *nomen transcriptitium*, produit par deux
inscriptions corrélatives sur le *codex*, était-il la seule forme
de contrat littéral que le droit romain eût connue? Que fallait-il penser de ce contrat *litteris* des pérégrins que mentionne Gaius, et pouvait-on y voir une obligation vraiment
fondée sur l'écriture? La négative prévalait en général. Le
contrat *litteris* avait-il un effet novatoire? On sait avec quel
éclat M. Gide a soutenu, contre la doctrine universelle, que
la novation et le *nomen transcriptitium* étaient des concepts
juridiques inconciliables[3]. En 1876, cette question était la
grande controverse de la matière, quand M. Buonamici écri-
vit son étude sur *les obligations littérales dans l'ancien droit
romain*[4].

L'esprit habitué aux enseignements de l'école ne la lit pas
sans quelque étonnement. C'est en effet d'une thèse toute
nouvelle qu'il s'agit; elle s'attaque aux fondements mêmes
de la doctrine généralement reçue. Ce que M. Buonamici

1. *Novation und Delegation*, p. 79 et suiv.
2. *Observ. sur le contrat* litteris, et *opp. cit.*
3. *Observ. sur le contrat* litteris, II.
4. *Sulle literarum obligationes dell' antico diritto romano*, dans l'*Archivio
Giuridico* de Serafini, vol. XVI. Janvier et février 1876.

conteste, c'est la relation du contrat *litteris* et des *codices accepti et expensi;* pour lui, ce sont là choses absolument distinctes. Le contrat *litteris* est un titre séparé, indépendant du *codex,* un écrit comme le *chirographum,* la *cautio,* mais qui a pour effet de créer une obligation, au lieu de servir simplement à la constater. Il ne peut pas y avoir une forme contemporaine de l'usage de tenir des livres domestiques, née et disparue avec eux ; l'obligation littérale a une origine bien plus récente. Elle est née de l'esprit de spéculation, de la pratique des opérations de banque ; elle est au droit ancien ce qu'est, dans le droit moderne de l'Allemagne et de la Suisse, la lettre de change[1]. Ainsi, dit l'auteur en terminant son travail, les mêmes besoins produisent les mêmes créations juridiques, et l'histoire va se répétant sans cesse.

Telles sont, dans leurs traits principaux, les opinions en présence. Ma prétention n'est pas de trancher la question ; l'examiner est tout ce que je projette de faire, et en donnant mon opinion sur ce grave débat, j'ajouterai volontiers la vieille formule : « Sous toutes réserves. » De plus autorisés feront mieux, sans doute ; mon humble avis, cependant, est qu'un document nouveau ferait mieux notre affaire que toute l'habileté des interprètes.

La division de ce travail, qui d'ailleurs sera sommaire, m'est fournie par Gaius[2] et Justinien[3]. Il se dégage, à la lecture de ces textes, trois idées simples, qu'on peut formuler ainsi : Il y a eu un contrat *litteris* propre au droit romain ; les pérégrins avaient à leur disposition une institution juridique analogue, au moins dans ses résultats ; enfin, il existe dans le droit de Justinien une situation qui rappelle celle

1. *Archivio giuridico,* p. 72.
2. *Comment.,* III, 128-131.
3. *Instit.,* l. III, t. XXI.

des parties liées par le contrat *litteris*. Ces trois idées feront chacune la matière d'un chapitre. J'ai pensé, de plus, qu'il serait bon, dans une étude où il est à chaque ligne question d'actes instrumentaires, de donner, dans un chapitre préliminaire, quelques notions sur les différentes applications de l'écriture, à Rome, au droit des obligations.

Cette méthode a un danger, celui de scinder les systèmes, en distribuant les questions dans différents paragraphes. J'ai cru pouvoir l'éviter en ayant soin d'indiquer, dans le texte ou dans les notes, les rapports des solutions particulières avec l'ensemble de la doctrine.

# CHAPITRE PRÉLIMINAIRE

## L'écriture appliquée au droit des obligations.

L'usage de l'écriture est fort ancien à Rome. Les lois royales, les livres des pontifes, les *fœdera regum* étaient écrits. Denys d'Halicarnasse nous apprend que l'on conserva pendant fort longtemps, dans un temple du Quirinal, le traité conclu par l'un des Tarquins avec la ville de Gabies, et l'alliance que Servius Tullius fit avec les nations du Latium[1]. Les tables du cens, les Douze Tables, la procédure formulaire, sont d'autres preuves de l'antiquité de l'écriture à Rome et du fréquent usage qu'on en faisait. L'art d'écrire était familier à la plupart des citoyens; presque tous devaient être à même de tracer la *litera*.

*Litera* vient de *linere*. *Linere*, *exarare*, *scribere*, sont les termes génériques qui désignent l'opération matérielle de l'écriture. *Scribere*, dans la langue juridique, signifiera bientôt s'obliger dans un écrit. On lit, par exemple, dans la *lex ultima* au Dig. *De dol. et met. exceptione:*

« *Homo rusticanus genero* scripsit *quasi usuras præteritas* « *ex dotis promissione.*[3] »

Et notre terme se trouve avec le même sens dans la langue usuelle; Plaute et Horace en font foi:

*Nunc satagit, adducit domum etiam ultro et scribit nummos*[4].

*..... Scribe decem a Nerio.*
*Non satis est : adde cicutæ*
*Nodosi tabulas centum ; mille adde catenas*[5].

---

1. Voy. Mommsen, *Histoire rom.*, trad. franç. Liv. I, chap. xiv.
2. Denys d'Halicarnasse, lib. IV.
3. L. ult. pr. Dig. *De doli et metus exceptione*, 44, 4.
4. *Asinar.*, II, 4, 34.
5. *Satir.*, lib. II, 3, vers. 10.

*Rescribere* a quelquefois la même signification. Mais, dans une acception plus précise, il veut dire payer, se libérer en obtenant quittance. Les poëtes nous fourniront encore ici nos exemples :

*Sed transi, sodes, ad Forum, atque illud mihi*
*Argentum sursus jure rescribe[1].*

*Si male rem gerere insani est; contra, bene, sani ;*
*Putidius multo cerebrum est, mihi crede, Perilli ;*
*Diclantis quod tu nunquam rescribere possis[2].*

*Transcribere*, enfin, signifie souvent copier, reproduire un écrit ; mais, dans un sens plus spécial, il signifie transformer un titre en un autre titre : *Transcribere nomen ; transcribere æs hereditarium in se*, comme dans ce passage du Dig. *ad Sct. Velleianum :*

« *Aliquando licet alienam obligationem suscipiat mulier*
« *non adjuvatur hoc S. C., quod tum accidit cum prima facie*
« *quidem alienam, revera autem suam obligationem suscipiat;*
« *ut ecce..... si hereditatem emerit et æs alienum hereditarium*
« *in se transcribat; aut si pro fidejussore suo intercedat[3].* »

On le voit, le premier examen des termes les plus usuels de la langue révèle immédiatement un rapport intime entre le fait matériel de l'écriture et le droit des obligations. Ceci m'amène à passer en revue les divers livres domestiques que les anciens Romains avaient l'habitude de tenir, et les actes instrumentaires que la pratique avait introduits et consacrés.

## § I.

### LES LIVRES DOMESTIQUES.

L'esprit d'économie sévère et l'âpreté au gain, qui sont deux traits caractéristiques de l'ancienne nation romaine, se

1. TÉRENCE, *Phormio*, V, 7.
2. HORACE, *Sat.*, II, 3, v. 15.
3. L. 13, pr. Dig., *Ad Sct. Vell.*, 16, 1.

sont traduits en faits par l'habitude, scrupuleusement suivie par chaque père de famille, de tenir régulièrement des livres de comptes. Cet usage était universel. Cicéron, dans ses *Verrines*, présente le fait de ne pas tenir de livres comme inouï de la part d'un citoyen. « *Nam in isto, judices, hoc novum « reperietis. Audimus aliquem tabulas nunquam confecisse. « — Hoc vero novum et ridiculum est quod hic nobis respon- « dit, quum ab eo tabulas postularemus: ad M. Terentium et « C. Cassium consules confecisse, postea destitisse*[1]. » — Une comptabilité irrégulière était une cause de déconsidération ; celui-là, au contraire, qui pouvait à sa mort prouver, par ses registres, qu'il avait doublé son héritage, était, au dire de Caton, « vraiment animé d'un esprit divin »[2].

Aussi bien, cette comptabilité était nécessaire à un peuple où tout homme ayant quelque bien était tant soit peu usurier. Le commerce de l'argent s'est de bonne heure développé à Rome ; on se rappelle les soulèvements populaires qui eurent pour cause la dureté des créanciers. Avec la conquête, le champ des opérations s'étendit, et les gains devinrent énormes. Il n'était pas, à l'époque de Cicéron, de notable personnage, qui ne prêtât à un taux qui nous révolterait aujourd'hui. Atticus avait des débiteurs en Macédoine, en Épire, à Éphèse, à Délos ; il prêtait aussi aux villes, mais, paraît-il, en secret, car, si cette industrie était fort lucrative, elle n'était pas tenue en grande estime[3]. Et il fallait qu'elle fût singulièrement lucrative pour choquer la délicatesse des Romains !

C'était un taux fort ordinaire que celui de 4 à 5 p. 100

---

1. *In Verrem*, act. II, lib. I, § 23.
2. Voy. MOMMSEN, *Hist. rom.*, l. III, chap. XII.
3. Voy. sur tous ces points, GASTON BOISSIER : *Cicéron et ses amis, Étude sur la société romaine du temps de César.*

par mois; c'est à ce taux que le rigide Brutus prêtait aux habitants de Salamine[1]. César seul prêtait sans intérêt, mais tout le monde n'avait pas le privilége de disposer des trésors de la Gaule et le désir d'acheter ses concitoyens[2].

L'Empire développa encore ces habitudes; Pline le Jeune prêtait et raisonnait sur les placements, qu'il conseille de diviser: « *Sum quidem prope totus in prædiis; sed tamen* « *aliquid fænero; nec molestum erit mutuari.... Totius vide-* « *tur incerta fortunæ possessionem varietatibus experii*[3]. » Comme l'a dit en un mot M. Mommsen, les Romains avaient le monopole du commerce de l'argent dans le monde entier[4].

L'instrument de la comptabilité romaine était un registre, le *codex*, que Sénèque définit en ces termes: « *Plurium tabu-* « *larum contextus*[5]. » On appelait aussi ce registre *tabulæ accepti et expensi;* cette désignation nous indique sa nature et son emploi. C'était un livre de caisse. Cicéron nous apprend qu'on y portait toutes les sommes reçues ou données: « *Non* « *conficit tabulas? Immo diligentissime. Non refert parra no-* « *mina in codices? Immo* omnes summas[6]. » Et les sommes qui ne s'y trouvaient pas inscrites, les *pecuniæ extraordina-* *riæ,* avaient, dans l'opinion commune, une origine suspecte[7].

Le *codex* avait deux pages, l'une destinée à l'*acceptum,* l'autre à l'*expensum.* Pline le Jeune dit dans une de ses lettres,

---

1. C'était, il est vrai, sous un prête-nom. Il est question de cette affaire dans la lettre de Cicéron *ad Atticum,* VI, 1.

2. Boissier, *op. cit.,* p. 205. L'Espagnol Balbus et le banquier Oppius étaient des hommes d'affaires à Rome. Ce furent eux qui achetèrent Curion 60 millions de sesterces (12 millions de francs).

3. *Epist.,* III, 19.

4. *Hist. rom.,* loc. cit.

5. *De brevitate vitæ,* 13.

6. *Pro Roscio,* 1.

7. *Pro Cluentio.,* XIV. — *In Verrem,* II, 1, 70.

en parlant de la fortune, « appelée, accusée, adorée en tous
lieux, à tout instant » : « *Huic omnia* expensa, *huic omnia fe-*
« *runtur* accepta, *et in tota* ratione *mortalium sola* utramque
« paginam *facit*[1]. » Cette comparaison ingénieuse est bien
romaine ! Nous pouvons, grâce à elle, nous figurer très-exacte-
ment les mentions que l'on portait sur le *codex*. S'agissait-il
d'une somme reçue ? le père de famille inscrivait : *acceptum a
Titio HS. centum (acceptum ferebat)*; d'une somme à payer ? il
inscrivait sur l'autre page : *expensum Titio HS. centum (expensum ferebat)*. — Ces formules n'avaient rien de sacramen-
tel, et nous trouvons, par exemple, dans Cicéron, l'emploi des
mots suivants : *Accepi, dedi*[2]. Les indications contenues au
*codex* ne se bornaient pas à des mentions aussi brèves ; on
notait l'origine des rentrées, la cause des sorties : *Dedi sti-
pendio, frumento, legatis, pro quæstore, cohorti prætoriæ HS
decies sexcenta triginta quinque millia quadraginta XVII
nummos*[3]. Cicéron, qui prend cette mention dans les livres
de Verrès, se plaint de la brièveté habituelle de ces livres et
de l'insuffisance des détails qu'on y trouve : « *Brevitatem co-
gnoscite*.....[4]. » La mention d'un prêt comprenait sans doute
la fixation de l'échéance, l'indication que des intérêts seraient
dus. C'est ce qui peut résulter, pour la clause de terme, de
ce passage de Cicéron : « *Accepi Aviani litteras in quibus*
« *hoc inerat liberalissimum, nomina se facturum, cum venis-*
« *set, quo ego vellem die*[5]. » Quant à la convention d'intérêt,
elle devait être fréquemment inscrite, car on voit dans Cicéron *fænerare* employé dans le sens d'*expensum ferre*[6]. Sans

---

1. *Hist. nat.*, lib. II, cap. vii.
2. *In Verrem*, II, I, 14.
3. *Ibid.*
4. *Ibid.*
5. *Ad diversos*, VII, 23.
6. *In Verrem*, II, I, 10.

doute, de telles indications ne sont pas nécessairement portées sur un livre de caisse : mais il ne faut par oublier que ce livre était, en général, l'unique registre du père de famille, et que son objet, dans ces conditions, ne devait pas se borner à fournir un état sincère de la caisse.

Je viens de dire que le *codex* était le seul livre du père de famille ; c'était du moins le seul qu'il conservât. Mais il prenait d'abord note de ses opérations sur une sorte de journal : les *adversaria*. On a donné de cette appellation diverses étymologies : on écrivait sur le *recto* et sur le *verso* du cahier ; *opistographa* ; ou bien ce cahier était continuellement sous la main du *pater familias ; adsidue observabatur*[1]. Quelle que soit l'origine qu'on donne au mot, il n'y a pas de doute sur la chose ; c'était bien un *journal*, dont on transcrivait ensuite les mentions sur le *codex*. Ce report se faisait tous les mois ; le *codex* seul était destiné à garder perpétuellement la trace des opérations du père de famille. Cicéron développe cette antithèse avec complaisance :

« *Quid est quod negligenter scribamus adversaria ? quid*
« *est quod diligenter conficiamus tabulas ? qua de causa ?*
« *Quia hæc sunt* menstrua, illæ sunt æternæ ; hæc delentur
« statim, illæ servantur sanctæ, hæc parvi temporis memo
« riam, illæ perpetuæ existimationis fidem et religionem
« amplectuntur*[2].* »

Tels étaient les registres domestiques qu'employaient les particuliers. La comptabilité des banquiers, ou même celle des personnes riches qui maniaient des capitaux considérables nécessitait forcément des livres plus nombreux.

---

1. Vossius, *Etymol. lat.*, verbo *Adversaria*. — Voy. Broxanici, *Archiv. giurid.*, p. 51.

2. *Pro Roscio*, III, § 2.

Les *argentarii*[1] étaient une puissance à Rome ; et le champ de leurs opérations était immense. On en cite un, Rabirius Postumus, pour lequel Cicéron plaida, et qui fournit un jour au roi d'Égypte l'argent nécessaire pour reconquérir son royaume[2].

Ces banquiers faisaient valoir les fonds que des particuliers leur confiaient, recevaient et faisaient des paiements pour leur compte, se faisaient, en général, les gérants de leurs intérêts financiers, comme ce Balbus qui parvint, dit-on, à mettre de l'ordre dans la fortune de César[3]. En général, ils avaient leur comptoir sur le forum et prenaient une enseigne : *mensa ad scutum Cimbricum, mensa Galliarum*[4].

Ils tenaient à jour non plus un *codex*, mais des *codices*; parmi lesquels, outre le livre de caisse, le *Kalendarium*, et une sorte de grand-livre.

Le *Kalendarium*, ou *liber Kalendarii*, contenait l'énumération des différentes créances avec l'indication des échéances de chacune. On peut le comparer au *portefeuille*. Le nom seul de ce registre suffirait à préciser son objet. Les kalendes étaient, dans l'usage, le jour du terme. Horace l'atteste dans un vers bien connu :

*Quum tristes misero venere kalendæ*[5].

Quant à l'usage de tenir un livre où un compte séparé était ouvert à chaque client, il est attesté par la loi 4 au Dig. *De*

---

1. On trouve mentionnés dans les textes les *mensularii* et les *nummularii*; à l'origine, il y avait entre ces professions quelque différence. Voy. là-dessus l. 9, § 2, Dig. *De edendo*, 2, 13 et *passim*. — Tous étaient placés sous la surveillance du préfet de la cité. L. 1, § 9. Dig. *De officio Præf. urbi*, 1, 12.
2. Boissier, *op. cit.*, p. 321.
3. *Ibid.*
4. Bronznet, *Archiv. giurid.*, p. 25, et les autorités citées.
5. *Sat.*, 1, 2.

*edendo.* Ulpien rapporte dans ce texte les termes de l'édit du préteur : « *Prætor ait :* Argentariæ mensæ exercitores ratio-
« nem, quæ ad se pertinet, edant, adjecto die et consule »,
et il ajoute ce commentaire très-clair : « *Hujus edicti ratio*
« *æquissima est; nam cum singulorum rationes argentarii*
« *conficiant, æquum fuit, ut quod mei causa confecit, meum*
« *quodammodo instrumentum mihi edi.* » Il suffit de relever
ces mots « *singulorum rationes argentarii conficiunt* » [1].

Quel était le rôle que les *codices* du particulier ou du banquier pouvaient être appelés à remplir dans un débat judiciaire ? Comme nos livres de commerce, ils constituaient un précieux moyen de preuve. Mais c'était seulement aux *codices* qu'on s'attachait en justice ; les *adversaria* ne pouvaient être représentés. « *Adversariis nihil creditur* », dit Cicéron dans le *Pro Roscio,* et ailleurs : « *Adversaria in judicium*
« *protulit nemo; codicem protulit, tabulas recitavit..... Quod*
« *si eamdem vim, diligentiam auctoritatemque habent adver-*
« *saria quam tabulæ, quid attinet codicem instituere ? con-*
« *scribere ? ordinem conservare ? memoriæ tradere littera-*
« *rum vetustatem* [2] »

Et plus loin, appliquant à la cause l'argument qu'il vient de dégager, il conteste la sincérité de la créance réclamée par Fannius en se fondant sur ce que, depuis trois ans, la mention en est restée sur les *adversaria* sans être transcrite sur le *codex* : « *Quam pridem, hoc nomen, Fanni, in adver-*
« *saria retulisti.... Sunt duo menses, jam, dices. Tamen in*
« *codicem acceptum et expensum referri debuit. Amplius sunt*
« *sex menses. Cur tamdiu jacet nomen in adversariis ? Quid,*
« *si tandem amplius triennio est ? quomodo, quum omnes qui*

---

1. L. 4, Dig. *De edendo,* 2, 13.
2. *Pro Roscio,* III, § 2.

« *tabulas conficiunt, menstruas pene rationes in tabulas* « *transferant, tu hoc nomen triennium amplius in adversariis* « *jacere pateris*[1] ? »

On attachait, au contraire, la foi la plus grande aux mentions régulièrement portées sur le *codex*. On y avait recours pour prouver toute remise de deniers, notamment au cas de *mutuum*; sur ce point, les témoignages abondent : c'est encore Cicéron qui fournit les plus concluants. Lorsque les livres des deux parties contenaient des mentions corrélatives, la preuve était complète. Dans le cas où le créancier seul témoignait par son livre du prêt, de la numération, c'était au juge à décider, d'après les circonstances de la cause; il pouvait repousser la preuve qu'on lui offrait. C'est ce que plaide Cicéron, quand, en présence du livre de Fannius, où se trouve la mention d'une créance contre Roscius, et du livre de Roscius lui-même où la mention de la dette est absente, il s'écrie : « *Cur potius illius quam hujus crederetur?* « *Scripsisset ille, si non jussu hujus expensum tulisset? Non* « *scripsisset hic quod sibi expensum ferri jussisset? Nam* « *quemadmodum turpe est scribere quod non debeatur, sic* « *improbum est non referre quod debeas.....*[2] » et il tire argument contre Fannius de l'irrégularité de ses livres et de sa négligence à les tenir. Or, c'était un reproche grave qui atteignait chez un Romain ce que les Anglais appellent aujourd'hui *respectability*; et il était de tradition au forum, en l'absence de preuves suffisantes, de se décider d'après l'honorabilité des parties. Aulu-Gelle nous donne une application frappante de cette maxime dans le récit qu'il fait d'un procès plaidé devant lui. « *Petebatur apud me pecunia quæ dicebatur*

1. *Ibid.*, III, § 3.
2. *Ibid.*, III, § 1.

« *data numerataque, sed qui petebat neque testibus neque tabu-*
« *lis id factum docebat..... is tamen cum suis multis patronis*
« *clamitabat probari apud me debere pecuniam datam con-*
« *suetis modis* [1]..... » Dans l'espèce rapportée par Aulu-Gelle,
le demandeur ne fait pas sa preuve, et il obtient gain de
cause, grâce à la mauvaise réputation de l'adversaire. A plus
forte raison, décidait-on en faveur du défendeur, quand le
demandeur était un homme peu honorable et qu'il n'administrait pas une preuve complète.

Quelle fut maintenant la destinée de ces livres domestiques dont j'ai essayé de montrer l'importance dans la vie
sociale et dans la vie juridique?

Ils cessèrent d'être en usage sous l'empire. On ne peut
ici donner de date, même approximative, pas plus qu'on ne
peut fixer avec précision le moment où ils apparaissent dans
les relations d'affaires. Nous savons par Térence [2] et par
Tite-Live [3] que les *codices* existaient déjà au temps des
guerres puniques; Asconius Pedianus nous apprend qu'ils
étaient tombés en désuétude [4]. Asconius était le contemporain de Virgile et le maître de Quintilien; d'après l'opinion
la plus accréditée, il mourut sous Néron; d'après une autre
version, dans la septième année du règne de Domitien. Mais
M. Madwig [5] a démontré, et son opinion a été admise par
Niehbuhr et par Savigny [6], que les commentaires sur les *Ver-*
*rines* sont en grande partie l'œuvre d'un scoliaste très-
postérieur. Il faut donc attacher une médiocre confiance au

1. *Noct. Att.,* XIV, 2.
2. *Phormio,* V, 7, v. 29.
3. XXIV, 18 ; XXV, 7.
4. *In Verrem,* II, 1, 23.
5. En 1828 : *Disputatio critica de Q. Asconii Pediani et aliorum interpre-
tum in Ciceronis orationes commentariis.*
6. *Vermischte Schriften,* p. 215. Berlin, 1850.

témoignage du pseudo-Asconius. Quoi qu'il en soit, ce qui est certain, c'est que les *argentarii* seuls conservèrent l'usage de tenir des *codices*.

On peut se demander à quelles causes est dû cet abandon d'une coutume foncièrement romaine? Le pseudo-Asconius en donne une raison certainement insuffisante : « *Sed post-* « *quam,* obsignandis litteris reorum, ex suis quisque tabulis « damnari cœpit, *ad nostram memoriam tota hæc retus con-* « *suetudo cessavit* [1]. » C'est voir les choses par ce petit côté ; certes, la crainte d'un procès criminel, à une époque où les accusations de lèse-majesté étaient fréquentes et terribles, pouvait faire qu'on évitât de fournir tout document à une accusation éventuelle. Les délateurs savaient l'art de perdre un homme avec deux lignes de sa main. Mais une telle explication ne satisfait guère l'esprit ; je préfère celle que propose M. Accarias [2] : Rome, sous l'empire ne comptait plus guère de Romains ; les pérégrins étaient la majorité. La minorité se déshabitua des coutumes si fort en honneur autrefois, et ces *tabulæ,* que Cicéron appelait du nom de *saintes,* tombèrent dans l'oubli où tombaient tant d'autres institutions natio-nales.

## § II.

### LES ACTES INSTRUMENTAIRES.

Le mot latin qui signifie titre d'obligation, c'est *nomen. Nomen* désigne la créance abstraite, dans les expressions *nomen debitoris, legatum nominis,* etc.; en général, c'est l'instrument qu'il désigne et c'est dans cette acception qu'il

1. *Loc. cit.*
2. *Précis de droit romain,* t. I, p. 387, note 1.

est employé dans les passages suivants, par exemple : « *Sicut*
« *si ex stipulatu aut nomine facto petatur*[1]. » — « *Nomina*
« *a tutore facta*[1]. » — « *Stichus arcarius, probante domino,*
« *nomina fecit*[2]. » — « *Non si uxori vir legarit omne argen-*
« *tum quod suum esset, idcirco quæ in nominibus fuerunt, le-*
« *gata sunt; multum enim differt in arcane positum sit argen-*
« *tum, an in tabulis debetur*[1]. » Il faut remarquer à quel point
ces expressions matérialisent l'idée d'obligation; dans le *nomen
transcriptitium*, c'est du fait matériel de l'écriture que naîtra
le lien juridique. Mais les *nomina transcriptitia* et les *nomina
arcaria* trouveront leur place dans le chapitre suivant : je
veux me borner ici à des notions générales sur les actes
instrumentaires, et je n'entre pas encore dans le domaine
de la controverse.

Outre le terme de *nomina*, la langue du droit employait
les mots *syngraphæ, chirographa, cautiones.*

Le *syngrapha* était un instrument fait double et signé des
deux parties[3]. Ce furent les pérégrins qui introduisirent à
Rome l'usage de constater les obligations à l'aide du *syngrapha.* Cicéron nous montre que cet écrit intervenait surtout
dans les rapports des Romains avec les provinciaux : « *Mal-*
« *leolus in Provinciam sic copiose profectus est, ut domi pror-*
« *sus nihil reliqueret; præterea pecunias occuparat apud po-*
« *pulos et syngraphas fecerat*[4]. » Et ailleurs, s'indignant
contre le pillage des provinces : « *Jam illud apertum profecto*
« *est, nihil esse turpius quam quemquam legari nisi reipu-*

1. L. 6, Dig. *De annuis legatis*, 33, 1.
2. L. 16, Dig. *De adm. et pers. tutorum*, 26, 7.
3. L. 11, § ult. Dig. *De judeis libert.*, 40, 5.
4. CICÉRON, *Top.*, III.
5. ASCONIUS, *In Verrem*, II, 36.
6. CICÉRON, *ibid.*

« *blicæ causa. Omitto quemadmodum isti se gerant atque ges-*
« *serin: qui legatione hereditates aut syngraphas suas perse-*
« *quuntur*[1]. » C'était un syngraphe qui constatait le prêt fait
aux Salaminiens par Brutus, à 4 p. 100 par mois[2].

Le scoliaste de Cicéron contient sur le *syngrapha* un
curieux passage : « *Inter syngraphas et cætera chirographa*
« *hoc interest quod in cæteris* tantum quæ gesta sunt scribi
« solent; in syngraphis etiam contra fidem veritatis pactio
« venit, et non numerata pecunia, aut non integre numerata,
.« pro temporaria hominum voluntate scribi solent, more
« institutoque Græcorum, *et cæteræ tabulæ ab una parte*
« *servari solent, syngraphæ signatæ utriusque manu utrique*
« *parti servandæ traduntur*[3]. » Ce texte, sur lequel j'aurai à
revenir, n'est pas aussi absolu qu'il le paraît au premier
abord. Gaius nous apprend, en effet, que dans les *syngraphæ*
et les *chirographa* on inscrivait *debere se aut daturum*[4]; c'est
dans ce sens, sans doute, qu'il faut entendre la phrase du
pseudo-Asconius : « *Et non numerata pecunia, aut non*
« *integre numerata pro temporaria voluntate scribi solent.* »
On conçoit cependant que le caractère bilatéral de cet acte
ait engagé à l'employer pour déguiser des simulations. Aussi
fut-il réputé peu sincère; la pratique l'abandonna. On ne
trouve pas dans le Digeste un seul exemple de *syngrapha*;
on y trouve deux exemples de *chirographa* dans des frag-
ments de Scævola[5] et de Modestius[6].

Le *chirographum* désignait un titre, fait simple, signé
du seul débiteur et remis entre les mains du créancier.

1. *De legibus*, III, 8.
2. *Ad Atticum*, VI.
3. Asconius, *loc. cit.*
4. Gaius, III, 134.
5. L. 27, § 1, Dig. *De pactis*, 2. 14.
6. L. 41, § 2, Dig. *De usuris*, 22, 1.

C'était un terme générique. *Cautio* avait un sens plus restreint et ne s'appliquait à l'origine qu'à la promesse de payer
une somme d'argent déterminée (*certa pecunia*). *Cautio* et
*chirographum* se confondirent plus tard, ou plutôt *cautio*
devint le terme générique et *chirographum* fut réservé aux
opérations de banque[1].

Je signale enfin les termes *scriptura, libellus, charta, char-
tula, instrumentum*. Leur sens est plus vague et ils appartiennent plus à la langue littéraire qu'à la langue juridique.

Quel était l'effet probatoire des *syngraphæ*, des *chirographa?* N'avaient-ils qu'un effet probatoire? J'examinerai ce
point à propos du contrat *litteris* des pérégrins.

1. Voy. Buonamici, *Archiv. giurid.*, p. 63.

# CHAPITRE PREMIER

## L'obligation litteris dans le droit civil romain à l'époque classique.

Les textes juridiques qui portent directement sur l'objet de cette étude sont les suivants :

Gaius, *Comment.*, III, §§ 129-131, §§ 136 et 138.

Institutes, livre III, titre XXI, *De litterarum obligatione.*

Et le commentaire de Théophile sur ce titre. — Cicéron fournit aussi des renseignements précieux; j'aurai souvent à citer, dans le cours de cette étude, le *Pro Roscio* et les discours contre Verrès. Quelques indications peuvent être recueillies dans Aulu-Gelle et dans Valère-Maxime.

On sait quelle est la question capitale qui se pose quand on entreprend de déterminer la nature et les caractères de l'*obligatio litteris* dans l'ancien droit civil. Y a-t-il une relation entre l'*obligation litteris* et le *codex?* Est-ce au moyen d'écritures portées sur le *codex* que cette obligation se forme? De la solution que l'on donne à cette question dépendent en grande partie les solutions que l'on adopte sur les autres points de la matière. Elle fera l'objet de mon premier paragraphe; dans les paragraphes suivants, j'examinerai la nature du contrat *litteris,* ses effets, son utilité pratique et sa destinée historique.

## § I.

### COMMENT SE FORME L'OBLIGATIO LITTERIS.

On peut résumer le texte de Gaius dans les propositions suivantes :

C'est l'écriture qui, par une force propre, donne naissance à l'obligation (*scripturæ proprietas*) [1].

1. Gaius, *Comment.*, III, § 130.

Le titre qui crée ainsi un lien de droit, c'est le *nomen transcriptitium*; la *transcriptio*, qui lui donne son nom et son caractère, peut se faire de deux façons[1] différentes : *a re in personam, a persona in personam*.

Dans le premier cas (*transcriptio a re in personam*), il y a une dette antérieure qui fait l'objet d'une *expensilatio* de la part du créancier[2]. Dans le second, il y a encore *expensilatio* d'une dette antérieure; mais c'est au nom d'un nouveau débiteur que l'on inscrit l'*expensum* (*transcriptio a persona in personam*)[3].

Ces écritures sont faites par le créancier seul (*in nominibus alius expensum ferendo obligat, alius obligatur*)[4].

Il n'est pas besoin, pour que l'obligation soit valablement contractée, de la présence du débiteur (*absenti expensum ferri potest*)[5].

Enfin, il ne faut pas confondre le *nomen transcriptitium*, qui est une *causa civilis obligandi* par lui-même, avec le *nomen arcarium*. Ce dernier ne crée aucun lien de droit, il constate simplement l'obligation née d'une numération d'espèces[6].

L'écriture qui constitue le *nomen transcriptitium* est donc une *expensilatio*. Or, qu'est-ce qu'*expensum ferre?* À cette question toute l'école historique répond : C'est porter une mention sur le *codex accepti et expensi*.

Il est vrai que Gaius ne le dit pas; mais d'autres témoignages suppléent à son silence.

C'est d'abord celui de Cicéron dans le *Pro Roscio*. Il com-

1. Gaius, *Comment.*, III, § 128.
2. III, 129.
3. III, 130.
4. III, 137.
5. III, 138.
6. III, 131.

pare les livres de son client avec ceux de Fannius : « *Scripsisset ille si non jussu hujus expensum tulisset? Non scripsisset
hic quod sibi expensum ferre jussisset*[1]? » La signification d'*expensum ferre* apparaît clairement dans ce passage; mais ce
qui lève tous les doutes, ce sont les explications que Cicéron
nous donne sur l'action à laquelle Roscius était défendeur.
C'était une *actio de certa credita pecunia*. Or, quelles sont en
droit civil les causes qui peuvent donner naissance à une
telle action? Cicéron répond en les énumérant : « *Hæc pecunia
« necesse est aut data, aut expensa lata, aut stipulata sit*[2] », ce
qui veut dire : votre action peut se fonder sur un *mutuum*,
sur une stipulation ou, enfin, sur un contrat *litteris*, sur un
*nomen transcriptitium* : car, d'après Gaius, l'*expensilatio* est
la forme dans laquelle se réalise le *nomen transcriptitium*. Et
que conclut Cicéron? « *Datam non esse Fannius confitetur;
« expensam latam non esse codices Fannii confirmant; stipu-
« latam non esse taciturnitas testium concedit*[3]. » Il n'y a ni
*mutuum* ni stipulation; il n'y a pas non plus contrat *litteris*,
car votre *codex* n'en contient pas la trace.

Aulu-Gelle est tout aussi explicite que Cicéron, dans ce
passage que j'ai déjà eu l'occasion de citer en partie, mais
qu'il est nécessaire de reproduire en entier pour en dégager
l'argument : « *Petebatur apud me pecunia quæ dicebatur data
« numerataque, sed qui petebat neque tabulis, neque testibus id
« factum docebat... Is tamen cum suis multis patronis clamita-
« bat probari apud me debere pecuniam datam consuetis modis,
« expensilatione, mensæ rationibus, chirographi exhibitione,
« tabularum obsignatione, testium intercessione, ex quibus
« omnibus si nulla re probaretur, dimitti jam se oportere et*

1. *Pro Roscio Comœdo*, I.
2. *Pro Roscio*, IV, I.
3. *Ibid.*

« *adrersarium de calumnia damnari*[1]. » Il faut expliquer les deux parties de ce passage l'une par l'autre. Et d'abord, c'est encore d'une *actio de certa pecunia* qu'il s'agit : la première phrase du texte énumère en deux mots les moyens de preuve *testibus* (cas du *mutuum* et de la stipulation), *tabulis* (cas de l'obligation littérale et du *mutuum*); la seconde développe cette mention un peu brève, et quels sont les termes qui dans l'énumération sont pour ainsi dire la paraphrase du terme unique *tabulæ ? Expensilatio, mensarum rationes;* c'est-à-dire, d'une part, le *nomen transcriptitium*, et d'autre part, le *nomen arcarium*, la mention écrite d'une numération de deniers.

Enfin, ces arguments sont corroborés par un passage de Valère-Maxime. Il s'agit d'un fait de captation, d'une donation arrachée à la faiblesse d'un malade par les artifices d'une courtisane. « *Trecenta millia nummorum ab Oracilia cum* « *qua commercium libidinis habuerat expensa sibi ferri* « *passus est*[2]. » L'ensemble du texte démontre clairement et qu'il s'agit d'une obligation *litteris* et qu'il y avait eu inscription sur le *codex.*

Ainsi, un premier point est acquis. Le contrat littéral se forme par des écritures sur le *codex accepti et expensi.*

Mais on a quelque peine à comprendre comment ce résultat peut se produire. Comment les écritures d'un livre de caisse peuvent-elles créer un lien obligatoire? Un pareil livre ne fait que relater les diverses opérations de caisse, et leur effet juridique se produit au moment même où ces opérations se réalisent. Il s'agit d'une inscription de prêt : faudrat-il admettre que cette inscription a la vertu de nover l'obligation antérieure et de la transformer en une obligation

---

1. *Noct. Att.*, XIV, 2.
2. *De dictis factisque memorab.*, lib. VIII, cap. II.

*litteris*, comme la stipulation transforme en une obligation verbale la prestation due jusqu'alors à un autre titre [1]? Nous savons qu'il n'en est rien, que l'inscription d'un prêt n'est pas un *transcriptitium nomen*, mais un *nomen arcarium*; Gaius lui-même nous l'apprend : « *Rei, non litterarum obli-* « *gatio consistit, quippe non aliter valet quam si numerata* « *sit pecunia.... Qua de causa recte dicimus arcaria nomina* « *nullam facere obligationem, sed obligationis factæ testimo-* « *nium præbere* [2]. »

Le *nomen arcarium* naît d'une opération de caisse, d'une numération de deniers; le *nomen transcriptitium* naît de la seule vertu de l'écriture : voilà qui est bien, mais tous les deux sont portés sur le *codex*, tous les deux sont *expensa lata*; comment les reconnaître? Comment dire où est l'obligation *litteris*, où l'obligation *ex mutuo* [3]? Il y a même au point de vue pratique, un intérêt considérable à faire cette distinction : s'il s'agit, en effet, d'un contrat littéral, le créancier n'a pas la même preuve à faire; en revanche, il n'a pas comme voie d'exécution la *manus injectio* que lui donne-rait le *mutuum* [4].

Il y a donc une double difficulté, semble-t-il, à ce que des écritures portées sur ce *codex* puissent constituer le *nomen transcriptitium*. Une idée fort simple donne la solution de cette difficulté : il ne suffit pas d'une *expensilatio* pour que le *nomen transcriptitium* se forme; il faut une inscription dou-

1. M. GIDE, dans sa belle étude intitulée : *Observations sur le contrat lit-* *teris*, a développé les différents points du sujet avec une remarquable habi-leté. Je l'ai pris pour guide dans mon exposé de la doctrine dont Savigny et Keller sont les chefs. — Voy. *Observ. sur le cont. litt.*, p. 6.
2. GAIUS, III, 131.
3. GIDE, *Observ.*, p. 16.
4. SAVIGNY, *Vermischte Schriften*, I, p. 255, note. — GIDE, *Observ.*, p. 17, note.

ble, une *expensilatio* et une *accepti relatio*[1]. Ces deux écritures se balancent et la sincérité des comptes n'est pas altérée; elles sont placées en regard et leur corrélation permet de reconnaître à première vue le *nomen transcriptitium* au milieu des *nomina arcaria*.

Voici sur quelles considérations on fonde cette théorie[2] :

Le texte de Gaius décrit dans le contrat *litteris* une opération qui a pour effet le remplacement d'une obligation par une autre. Il y a deux éléments de *fond :* il doit y avoir deux éléments de *forme*[3]. C'est là, en effet, un principe constamment appliqué dans l'ancien droit romain. Il faut que les conditions dont le concours constitue un acte juridique « transparaissent »[4] dans la forme que cet acte revêt; le contrat *litteris*, qui est un acte solennel, ne doit pas échapper à cette loi que Jehring, dans sa belle étude sur le formalisme romain, appelle d'un terme fort juste « la loi de correspondance dans la forme »[5].

C'est sous ce point de vue qu'il faut envisager les deux cas de *transcriptiones* que Gaius énumère et décrit. « *A re in* « *personam transcriptio fit, veluti si id quod ex emptionis causa,* « *aut conductionis, aut societatis mihi debeas, inde expensum* « *tibi tulero.* » Vous êtes mon débiteur en vertu d'une vente; vous le devenez en vertu d'un prêt; voilà ce qui se passe. Votre première obligation est dissoute et c'est parce qu'elle est dissoute qu'une autre naît qui la remplace. Le contrat

1. GIDE, *Observ.*, p. 15. — ACCARIAS, *Précis de droit romain*, t. II, n° 578. — MAYNZ, *Cours de droit romain*, t. II, § 247, texte et note 21. — VON SALPICS, *Novation und Delegation*, p. 79 et suiv.

2. Exposée pour la première fois par Keller en 1811. — Voy. *Introduction*.

3. GIDE, *Observ.*, p. 75.

4. ACCARIAS, *loc. cit.*

5. *Esprit du droit romain*, trad par O. DE MEULENAERE, t. III, p. 309 (Analyse du formalisme).

*litteris* s'analyse donc en deux actes juridiques dont chacun doit avoir son *expression morphologique*[1]. Nous savons comment se traduit dans la forme le prêt fictif; c'est par une *expensilatio* sur le *codex*. Reste à savoir comment se traduira le paiement fictif et ce ne peut être que par une *acceptilatio* sur le *codex*.

Passons au cas où la *transcriptio* a lieu *d persona in personam*. Gaius nous en donne cet exemple : « *Si id quod mihi* « *Titius debet tibi inde expensum tulero, id est, si Titius te* « *delegaverit mihi.* » Ici encore, on peut analyser l'opération en un paiement fictif que fait l'ancien débiteur, et en un prêt fictif que reçoit le nouveau. Et c'est bien de cette façon que les jurisconsultes romains devaient envisager l'opération : c'est une délégation nous dit Gaius ; or, comment s'analyse la délégation ? Les textes[2] nous l'apprennent : c'est d'abord un paiement fictif, fait par le délégant au délégataire :

« *Interdum intercedenti mulieri et condictio competit, puta,* « *si contra senatusconsultum obligata*, debitorem suum dele- « *gavit; nam hic ipsi competi condictio*, quemadmodum si « pecuniam solvisset *condiceret;* solvit enim et qui reum « delegat. » (L. 8, § 3, Dig. ad. Sct. Vel., 16, 1.)

« *Si..... ego meum debitorem tibi promittere jusserim, tu* « *stipulatus sis.....* pecunia mea ad te pervenit. » (L. 32, D. *De R. C.* 12, 1.)

« *Verbum* exactæ pecuniæ *non solum ad* solutionen refe- « rendum est, verum etiam ad delegationem. » (L. 187, D. *De V. S.,* 50, 16.)

Mais c'est de plus un prêt fictif du délégataire au délégué :

---

1. IHERING, *Esp. du droit rom.*, loc. cit.
2. Cités par GIDE, *Observ.*, p. 11, texte et notes.

« *Si debitorem meum tibi donationis immodicæ causa pro-*
« *miltere jussi, an summoreris donationis exceptione necne,*
« *tractabitur? Et meus quidem debitor exceptione te agentem*
« *repellere non potest:* quia perinde sum quasi exactam a
« debitore meo summam tibi donaverim, et tu illam ei cre-
« dideris. » (L. 21, § 1, D. *De donat.*, 39, 5.)

Trois *dationes:* la première libérant le délégué vi-à-vis du
délégant; la seconde, libérant le délégant vis-à-vis du délégataire; la troisième obligeant le délégué vis-à-vis du délégataire: voici comment l'analyse des jurisconsultes décompose
la délégation; et c'est ce mécanisme que la loi 21 fait pour
ainsi dire agir sous nos yeux: « quasi exactam a debitore meo
summam (1ᵉ *datio*), tibi donaverim (2ᵉ *datio*) et tu illam ei
credideris » (3ᵉ *datio*[1]).

Revenons au cas de la *transcriptio a persona in personam.*
La délégation se fait *litteris,* c'est-à-dire que le délégataire
inscrit sur son *codex* le montant de sa créance; *expensum
fert.* Voilà le prêt fictif établi; le paiement fictif, qui est un
des éléments de la délégation apparaîtra à l'autre colonne
du livre, sous la forme d'une *accepti relatio.*

Cette explication du *nomen transcriptitium* est de tous
points conforme à l'esprit à la fois analytique et formaliste du
droit romain. Elle est, de plus, en parfait accord avec les
indications que fournissent les auteurs latins sur le contrat
qui nous occupe. Un passage du *Pro Roscio* est surtout
topique: c'est un de ceux qui ont déjà été cités dans le cours
de ce travail. « *Quæro, quampridem hoc nomen, Fanni, in*
« *adversaria retulisti!.... Sunt duo menses jam dies? Tamen,*
« *in codicem* acceptum et expensum referri debuit[2]. » M. Gide

---

1. *Ibid.*, p. 12, note.
2. *Pro Roscio.* III, 3.

fait remarquer sur ce texte que les mots *acceptum* et *expensum* ont paru si peu compréhensibles aux éditeurs et aux interprètes qu'ils se sont ingéniés à les corriger malgré l'unanimité des manuscrits[1]. Avec les explications qui viennent d'être données, ces mots sont au contraire nécessaires; il s'agissait en effet, non d'un *arcarium nomen*, mais d'un *nomen transcriptitium;* il fallait donc, comme Cicéron le dit expressément, « *in codicem acceptum et expensum referre* ».

Voilà donc un second pas de fait dans la recherche de ce qu'était dans l'ancien droit romain l'obligation littérale. Elle se formait par deux inscriptions balancées sur le *codex accepti et expensi.* Les difficultés dès lors sont résolues et les obscurités du texte de Gaius éclairées d'une complète lumière.

On comprend sans peine comment des mentions sur un livre de caisse pouvaient donner naissance à un lien de droit; c'étaient des opérations fictives que l'on inscrivait.

On comprend ces termes de *transcriptio*, de *nomen transcriptitium* qui arrêtent l'interprète dans sa lecture du texte de Gaius. Le contrat *litteris* était un *nomen transcriptitium*, parce qu'il fallait pour le former une inscription géminée et que la mention que l'on venait d'écrire à l'*acceptum*, on la *transcrivait* à l'*expensum*[2].

On saisit l'antithèse que le jurisconsulte établit entre le *nomen arcarium* et le *transcriptitium nomen :* l'un, comme son nom l'indique, naît d'une opération de *caisse;* l'autre naît d'une simple opération d'*écritures*[3].

Restent à préciser quelques points de détails qu'indique déjà le texte de Gaius.

1. *Observ.*, p. 18 *in fine* (d'après Keller).
2. Gide et Maynz réfutent l'opinion d'après laquelle la *transcriptio* aurait signifié un report des *adversaria* sur le *codex.*
3. GIDE, *Observ.*, p. 17.

Le contrat *litteris* était un acte unilatéral. Le créancier seul était tenu de passer des écritures sur son *codex*. Le débiteur, sans doute, était libre de le faire; mais la validité de l'obligation ne dépendait pas du soin qu'il apportait à remplir cette formalité. Ce point résulte du texte de Gaius d'une façon très-claire. Le contrat *litteris*, nous dit-il, peut se former entre absents : « *Absenti expensum ferri potest*[1]. » Cet avantage de l'obligation littérale sur l'obligation qui naît de la stipulation serait illusoire si le contrat ne se formait qu'à la condition d'être inscrit sur le *codex* du débiteur; « car alors le créancier aurait eu besoin, pour s'assurer « de sa créance, d'aller vérifier les livres de son débiteur[2]. » Mais Gaius est bien plus explicite dans le paragraphe qui précède immédiatement notre phrase : « *In nominibus* « *alius expensum ferendo obligat, alius obligatur.* » L'*expensilatio* et l'*acceptilatio* inscrites par le créancier obligent le débiteur. C'est là d'ailleurs une situation qui est fréquente en droit romain : il arrive constamment dans les actes solennels que le rôle de l'une des parties soit prépondérant; toutes les institutions de l'ancienne législation quiritaire sont fortement empreintes d'un caractère d'unilatéralité[3].

Mais s'il n'est pas nécessaire que le débiteur *écrive*, il faut qu'il *consente* aux inscriptions que fera le créancier. Sans ce consentement l'obligation littérale ne naîtrait pas d'un contrat. Si sur ce point Gaius est muet; un passage du *Pro Roscio* et un texte de Valère-Maxime, qui tous deux ont été cités plus haut, sont parfaitement explicites. « *Scripsisset ille* (Fannius), dit Cicéron, *si non* jussu *hujus* (Roscius) *expensum*

1. III, 133.
2. GIDE, *Observ.*, p. 19.
3. Cpr. JHERING, *Esp. du droit rom.*, t. IV, p. 395 (trad. de Meulenaere).

*tulisset*[1]. Valère-Maxime est tout aussi formel : « *Trecenta* « *millia nummorum expensa tibi ferri* passus est*[2]*. »

Conclusion : Le contrat *litteris* se forme par un *acceptum* et un *expensum* portés sur le *codex* du créancier avec le consentement du débiteur.

Telle est sur la formation de l'obligation littérale la théorie généralement enseignée. Je me suis efforcé d'en présenter les arguments avec fidélité; je ne voudrais rien leur enlever de leur force. Je passe maintenant dans le camp de l'adversaire et je vais essayer de faire la critique des textes et des raisonnements qui précèdent.

Je commencerai par quelques observations sur les sources utilisées par les auteurs dont je viens de rapporter la doctrine, sur la méthode qu'ils ont suivie, sur les difficultés que leurs conclusions soulèvent.

Gaius, Justinien et Théophile sont les trois seuls auteurs juridiques qui aient traité du contrat *litteris*. Cependant, arrivé au terme de l'exposé que je viens de faire, je n'ai pas encore eu l'occasion de citer le texte, assez long, assez détaillé de Théophile. Il est traité avec mépris par les auteurs dont j'ai résumé la doctrine. M. Gide l'assimile aux faux Asconius et refuse de voir dans son texte une source; la raison, c'est, dit-il, que Théophile vivait plusieurs siècles après que l'usage des *codices* avait disparu[3]. M. Accarias décide que « certainement Théophile connaissait mal ce contrat, « car il affirme, ce dont nous n'apercevons nulle part aucune « trace, que l'écriture était précédée d'une interrogation et « d'une réponse et qu'elle avait pour objet de les constater[4] ».

1. *Pro Roscio*, 1.
2. *Loc. cit.*
3. *Obsero.*, p. 18, note 1.
4. II, p. 381, note 1 (éd. 1878).

Ces reproches sont-ils vraiment fondés et suffisent-ils pour écarter presque complétement la paraphrase des Institutes ?

Théophile vivait sans doute longtemps après la désué-tude des *codices* ; mais le contrat *litteris* se formait-il par des inscriptions sur le *codex?* C'est une question. L'assimi-ler au pseudo-Asconius est d'ailleurs profondément injuste ; celui-ci est un grammairien dont on pourrait contester la compétence, vécût-il à l'époque classique; celui-là, un ju-risconsulte qui devait avoir une connaissance approfondie des anciens écrits sur le droit. Il ne faut pas perdre de vue en effet, que Théophile n'était pas un praticien préoccupé du droit applicable : professeur à l'école de Constantinople, il y avait enseigné, à l'époque où les programmes officiels ne prescrivaient pas encore l'étude exclusive des Institutes et des Pandectes de Justinien [1]; par une nécessité de situation, il avait dû compulser et étudier les documents originaux qui nous manquent. Un tel interprété n'est pas à dédaigner; au moins faut-il le citer et discuter son texte. C'est ce que je vais faire.

*Texte des Institutes.* **L. III, t. XXI.** — « *Olim scriptura fie-* « *bat obligatio quæ nominibus fieri dicebatur: quæ nomina* « *hodie non sunt in usu.* »

*Paraphrase de Théophile.* — « *Post obligationem aut re aut* « *verbis contractam, dicamus de litterarum obligatione. Lit-* « *terarum autem obligatio olim hanc recipiebat definitionem :* « *litterorum obligatio est vetus debitum per verba et scripta* « *solemnia transformatum in novum creditum. Nam si quis* « *centum mihi aureos debebat ex emptione vel locatione, vel* « *mutuo, vel stipulatione (multæ autem sunt debitorum causæ)*

---

1. La Constitution *Omnem respublicæ* (en tête du Digeste) substitua les livres de Justinien aux ouvrages qui figuraient dans le programme des cinq années d'études. — Voy. GIRAUD. *Hist. du droit rom.* (1817), p. 124.

« egoque hunc vellem litteris obligatum mihi reddere : necesse
« erat solemnia verba dicere et scribere ad eum quem litteris
« obligare mihi volebam. Erant autem hæc verba, quæ et di-
« cebantur et scribebantur : Centum aureos quos mihi ex causa
« locationis debes, tu ex conventione et confessione littera-
« rum tuarum dabis ? Deinde adscribebantur ut ab eo qui jam
« ex locatione obligatus esset, hæc verba : Ex conventione
« debeo litterarum mearum. Et prior obligatio extinguebatur,
« nova autem, id est litterarum, nascebatur. Hæc vero ex eo
« quod in scriptis consisteret, appellationem accepit.

« Sed hæc hodie non sunt in usu. Inveniri tamen licet, si
« quis curatius consideret, et hodie litterarum obligationem
« usurpari sub alia forma [1]. »

La première observation à faire sur ce texte, c'est que
Théophile et Justinien sont en complet accord avec Gaius
sur la nature intrinsèque du contrat *litteris*. Quand Justinien
parle des *nomina* qui donnaient naissance à l'obligation littérale, il est évident qu'il s'agit des *nomina* par excellence,
de ceux qui sont désignés dans le passage correspondant de
Gaius, c'est-à-dire des *nomina transcriptitia*. Et, en effet,
Justinien nous dit que ces *nomina* ne sont plus en usage, ce
qui ne peut s'entendre des autres titres, toujours employés.

---

1. Je cite au texte la traduction de Reitz, qui est la plus estimée. Voici, au
surplus, la traduction de Fabrot : « *Litterarum obligatio est veteris nominis
in novum creditum per solemnia verba et solemnes litteras transformatio.
Nam si, quum quis mihi centum aureos deberet ex emptione aut locatione
aut mutuo, aut stipulatione (multis enim modis nobis aliquid debere potest) ;
voluissem hunc mihi obligatum esse litterarum obligatione ; necesse erat
verba et dicere et scribere ad eum quem litterarum obligatione obligatum
habere volebam. Sunt autem hæc verba quæ dicebantur et scribebantur :
Centum aureos quos mihi ex causa locationis debes expensos tibi tuli ? Deinde
adscribebatur ab eo qui jam ex locatione obligatus erat : Expensos mihi tu-
listi. Et tunc prior obligatio extinguebatur, novaque ex litteris nascebatur
obligatio, quæ ex eo nomen habet quod litteris consistat.* »

Il est très-clair aussi que, pour Théophile, le contrat littéral, c'est encore le *nomen transcriptitium*. Il s'explique
très-nettement sur la nature de ce contrat; c'est, dit-il, une
obligation antérieure (*vetus debitum*) transformée en une obligation nouvelle (*in novum creditum*) au moyen de la solennité
des écritures (*per scripta solemnia transformatum* [1]). Comme
Gaius, il énumère diverses causes d'obligation antérieure, en
prenant soin d'ajouter que cette énumération n'a rien de li-
mitatif (*multæ sunt debitorum causæ*), et il nous montre un
titre nouveau substitué au titre ancien (*prior obligatio extinguebatur, nova autem, id est litterarum, nascebatur*). Il y a
donc, sur la nature intrinsèque du contrat *litteris*, une concordance complète entre les trois textes juridiques qui trai-
tent de ce contrat.

Sur les conditions de forme, l'un de ces textes, celui de
Justinien, se borne à cette brève mention : « *Scriptura fiebat obligatio* [2].... »; Gaius n'est guère plus explicite; il n'autorise que des conjectures sur la *transcriptio*. Théophile
s'étend au contraire longuement sur la forme de l'obligation,
et j'aurai à examiner celle qu'il lui attribue. Mais ce qui
est remarquable et ce qu'il faut relever ici, c'est que ni lui,
ni Justinien, ni Gaius ne font d'allusion au *codex*, qui cependant, dans la doctrine que je critique, est, pour ainsi dire,
l'instrument de formation de l'*obligatio litteris*.

On a beau chercher à pallier ce silence, dire que Gaius
n'avait pas à s'expliquer sur la forme de l'obligation; qu'il
écrivait d'ailleurs à une époque où chaque lecteur pouvait
suppléer à cette lacune; ajouter que les indications de
Théophile ne méritent aucune créance; j'avoue que mon

---

1. Théophile dit : *per verba et scripta*. — Voy. *infrà*.
2. III, 1. XXI.

esprit n'est pas satisfait, et je pense que, dans ces conditions, un examen sévère des textes qu'on invoque, à défaut de Gaius, s'impose nécessairement.

Il s'impose avec d'autant plus de force que la théorie très-ingénieuse de Savigny et de son école soulève bien des difficultés.

On est frappé, en effet, de tout ce qui appartient dans cette doctrine à la pure construction théorique. L'induction a sans doute un grand rôle dans la science, mais fonder toute une théorie sur elle, c'est un procédé trop hardi pour être très-sûr. Car, enfin, cette nécessité d'une double inscription sur le *codex*, on ne la déduit que par le raisonnement ; Gaius, dit-on, n'y contredit pas, et Cicéron la confirme. En est-on bien certain ? Cicéron veut prouver que le *codex* de Fannius ne mérite pas créance ; il lui en reproche la mauvaise tenue, et comment ce reproche est-il formulé ? Vous laissez, dit Cicéron, des titres de créance traîner des années entières sur des *adversaria,* quand tout homme rangé prend soin de les transcrire tous les mois sur des *tabulæ accepti et expensi.* Voilà le sens de la phrase : « *Tamen in codicem* accep-« *tum et expensum referri debuit* [1] » : *acceptum,* ce que le père de famille a touché dans le mois ; *expensum,* ce qu'il a dépensé. Je crois que c'est le sens naturel ; c'est au moins un sens possible. Voici donc quelle est la méthode de l'école historique : nous ne comprenons pas, dit-elle, comment le *codex* peut servir à créer des obligations littérales ; mais voici un moyen qui *peut avoir servi* à produire ce résultat ; nous affirmons donc que c'est bien la forme de l'obligation littérale ; car, au surplus, il y a un texte de Cicéron qui *peut être entendu* de façon à confirmer notre conjecture. Je pense

1. *Pro Roscio,* III, 3. — *Voy. suprà.*

qu'un auteur qui est amené à ces procédés de recherche doit revenir à son point de départ et le contrôler de nouveau. Voilà donc encore une considération qui nous ramène aux textes fondamentaux de la doctrine de Savigny.

Mais je n'ai pas encore tout dit sur cette doctrine.

*Nomen* a toujours signifié *titre de créance. Nomina facere* équivaut à notre expression *faire des billets.* J'ai déjà établi ce sens plus haut par des exemples tirés des textes juridiques ou littéraires; la conclusion naturelle, c'est que *nomen arcarium, nomen transcriptitium* désignent des *instruments* différenciés par leurs caractères extérieurs ou par la nature des obligations qu'ils relatent. Voyons d'un peu près ce que Gaius nous apprend sur ces *nomina.*

Il dit très-clairement que des *nomina arcaria* pouvaient être passés entre pérégrins. « *Proprie dicitur arcariis nomi-* « *nibus etiam peregrinos obligari, quia non ipso nomine, sed* « *numeratione pecuniæ obligantur : quod genus obligationis* « *juris gentium est* (§ 132). » Or, l'usage des *tabulæ accepti et expensi* était inconnu aux pérégrins. Dira-t-on que leurs dettes pouvaient être constatées par un *nomen arcarium,* et non leurs créances ? En effet, la question que traite Gaius dans le paragraphe suivant est de savoir si un pérégrin peut *devenir débiteur* par l'effet d'un *nomen transcriptitium.* Mais l'argument n'est pas fondé; si, dans le paragraphe 132, *peregrinos obligari* devait s'entendre dans ce sens : « les dettes des pérégrins peuvent être constatées », Gaius ne donnerait pas comme motif de sa solution que « *numera-* « *tione pecuniæ obligantur, quod genus obligationis juris gen-* « *tium est* ». Il est évident que la numération rend, *jure gen- tium,* aussi bien créancier celui qui la fait que débiteur celui qui la reçoit. Un pérégrin peut donc constater sa créance par un *arcarium nomen :* j'en conclus qu'il faut que ce *nomen* soit un instrument distinct, indépendant du *codex*. J'en conclus aussi que le *nomen transcriptitium* est un titre différent du *codex*, car l'un des postulats de la doctrine contraire, c'est précisément l'inscription sur le *codex* des *nomina arcaria*.

Ce qui confirme cette déduction, c'est que Gaius compare le *chirographum* à le *nomen transcriptitium*. § 129 : « Lit-« teris obligatio fit veluti in nominibus transcriptitiis. » — § 134 : « Præterea litterarum obligatio fieri videtur chiro-« graphis et syngraphis..... Quod genus obligationis proprium « peregrinorum est. » — Entre le *nomen transcriptitium* et l'*arcarium*, la différence qu'il signale est dans la cause de l'obligation, non dans la forme, et je viens de montrer que cette forme se rapproche nécessairement du *chirographum*. J'arrive ainsi, par une double voie, à la même conclusion : le *nomen transcriptitium* est un instrument distinct des *tabulæ*.

Ce n'est pas tout. Dans l'opinion contraire, on explique les dénominations de *nomina arcaria* et de *nomina trans-scriptitia* en disant que, dans le premier cas, il y a une opéra-tion de caisse, dans le second une opération d'écritures. Je ne crois pas que cette interprétation rende exactement et complétement le caractère de l'opposition que le juriscon-sulte établit entre les deux classes de *nomina*. Le *nomen arcarium* est une opération de caisse : j'accepte cette défini-tion ; qu'en résulte-t-il ? Que le nom exprime la nature in-trinsèque de la chose, non sa nature formelle, apparente. Mais alors, pour que l'opposition existe réellement, il faut que *transcriptio* exprime une condition de fond, non une solennité de forme. Et si l'on se reporte à ce que j'ai dit, au début de ce travail, sur le sens de *scribere* et de *transcribere*, l'observation que je viens de faire se confirme. *Scribere*, c'est s'engager par un écrit ou dans un écrit ; *transcribere*, c'est transformer son obligation en une autre par le moyen d'un écrit. Ce transport d'une obligation antérieure dans un moule nouveau est, dans mon opinion, inséparablement lié au contrat *litteris*. Gaius l'indique assez clairement dans ces deux expressions si caractéristiques : *A re* IN *personam ;* *a persona* IN *personam,* et Théophile est absolument formel ; on se rappelle sa définition : *Vetus debitum in novum creditum transformatum.*

Enfin, l'école de Savigny, qui est unanime pour attribuer au contrat *litteris* le caractère de contrat solennel, se contente de peu en fait de solennités. Une inscription sur le *codex* lui suffit, et, remarquez-le, une inscription en termes quelconques[1]. Voilà qui n'est guère solennel ni guère romain. Une inscription sur un livre de comptes, au milieu des opérations les plus dissemblables, suffirait à créer le contrat *litteris,* quand il faut, dans la stipulation, prononcer une formule déterminée : *certa verba !* Je ne crois pas qu'aucun droit moderne consente à voir une solennité dans une formalité de cette espèce ; à plus forte raison, cela est-il difficile à croire du droit romain. Le plus singulier, c'est que les mêmes auteurs qui se montrent ici si peu formalistes, n'hésitent pas à rattacher la stipulation au *nexum !* Le contrat *litteris* est, d'après M. Ortolan, une seconde dérivation du *nexum ;* la première est la stipulation ; ces deux créations de l'ancien droit romain ont une filiation commune[2]. Soit ; mais quoi ! pas même une formule déterminée pour cette inscription qu'il va falloir chercher dans le *codex,* où elle sera pêle-mêle avec les contrats de vente, de louage, de prêts, les stipulations, les acceptilations, les paiements !

1. Voy. dans l'Introduction les textes cités à l'appui.
2. *Explic. des Institutes,* t. II, n° 1111 (p. 213 dans l'éd. de 1870).

car tous ces actes ont place dans le *codex* ; c'est un livre *unique*, il ne faut pas l'oublier. Et alors, on finira par découvrir deux inscriptions qui se balancent, et ce sera là le contrat *litteris !* Qu'on me montre un seul cas où le droit romain ait donné cette physionomie à un acte solennel, et je passe condamnation. La rigidité, la précision des formes du droit quiritaire sont bien connues, et voilà la forme que vous donnez à un acte qui est, à vous entendre, proche parent du *nexum !* J'avoue qu'il m'est impossible de vous croire si vous ne me montrez un texte qui dise ce que vous avancez [1].

Ces textes existent, dira-t-on. C'est le moment de les examiner.

Il n'est pas difficile d'écarter le semblant d'argument qu'on tire du passage de Valère-Maxime. J'y vois bien une *expensilatio* qui sert de titre à une demande; mais quelle est la forme de cette *expensilatio?* Le texte est muet sur ce point. Ce n'est qu'en considérant comme synonymes les deux expressions *expensum ferre* et *in codicem referre* que l'on pourrait y trouver un appui pour la doctrine de Savigny. Or, rien n'autorise cette complète assimilation : *Expensum ferre* veut dire, d'après Asconius Pedianus, « *scribere se pecuniam* « *dedisse* [2] » d'une façon générale. Notre passage n'est donc pas concluant dans le sens où on l'invoque [3].

Aulu-Gelle ne l'est pas davantage. Il parle des différents modes de preuve auxquels on pourrait avoir recours pour établir une numération; il les énumère avec soin, distinguant l'*expensilatio*, les *rationes mensæ*, le *chirographum*, les

1. Dans cette critique de la théorie précédemment exposée, j'ai suivi M. BUONAMICI : *Sulle litterarum obligationes del antico diritto romano.* (*Archivio giuridico* de Serafini, janvier et fév. 1876.) J'ai essayé cependant, sur plusieurs points, de développer et de compléter la pensée de l'auteur italien.

2. *Scolies sur Cicéron.* — Voy. BUONAMICI, *Arch. giurid.*, XX.

3. BUONAMICI, *Arch. giurid.*, XXVIII.

*tabulæ obsignatæ.* Si l'on peut faire sortir un argument de
ce texte, ce n'est qu'un argument en ma faveur. Aulu-Gelle,
en effet, ne confond pas l'*expensilatio,* c'est-à-dire le contrat
*litteris,* avec le *rationes mensæ,* c'est-à-dire les comptes
portés sur des *codices*[1]. Dira-t-on que l'énumération qui se
trouve dans la seconde phrase du texte ne fait que développer les deux termes *tabulæ, testes,* que contient la phrase
précédente? Je crois qu'il est plus naturel de les envisager
séparément, mais soit; *tabulæ* désignera alors à la fois les
*rationes,* l'*expensilatio,* le *chirographum,* la *tabula obsignata.*
Pourquoi dès lors conclure que l'*expensilatio* est portée sur
le *codex* plutôt que d'y voir un instrument distinct, indépendant du *codex,* comme le *chirographum* ou la *tabula
obsignata?*

J'arrive aux deux textes de Cicéron, dans le *Pro Roscio,*
qui, au dire de nos adversaires, contiennent la démonstra-
tion claire de leur proposition. Je les cite en entier:

1. « *Quod si ille suas proferet tabulas: proferet suas quo-*
« *que Roscius. Erit in illis tabulis hoc nomen, at in hujus non*
« *erit. Cur potius illius quam hujus crederetur? Scripsisset*
« *ille, si non jussu hujus expensum tulisset? Non scripsisset*
« *hic quod sibi expensum ferri jussisset? Nam quemadmodum*
« *turpe est scribere quod non debeatur, sic improbum est non*
« *referre quod debeas..... Sed ego, copia et facultate causæ*
« *confisus, vide quo progrediar. Si tabulas C. Fannius accepti*
« *et expensi profert suas, in suam rem, suo arbitratu scrip-*
« *tas: quominus secundum illas judicetis, non recuso. Quis*
« *hoc frater fratri, quis parens filio tribuit ut quodcumque*
« *retulisset, id ratum haberet? Ratum habebit Roscius. Pro-*
« *fer.* »

1. *Ibid.*

Ma thèse, c'est que, dans tout le *Pro Roscio*, et notamment dans ce passage, il n'est pas question d'un contrat *litteris*. Que nous apprend Cicéron? Que tout Romain devait noter sur son *codex* ses recettes, ses créances, ses dépenses, ses dettes; que les *codices* du créancier et du débiteur, compulsés et confrontés en justice, faisaient preuve complète d'une obligation s'ils étaient trouvés d'accord. Vient ensuite un mouvement oratoire: Cicéron s'écrie qu'il fait une concession à Fannius, qu'il renonce à exiger une confrontation des livres des parties, à discuter la force probante des mentions portées sur son *codex,* qu'il est prêt à s'en rapporter à ces mentions[1].

Je tiens à établir qu'il ne s'agit là que d'un artifice de plaidoirie; — car on pourrait chercher, bien à tort, à argumenter du passage: *Sed ego,* etc. On dirait: Ce qui prouve qu'il s'agit d'un contrat *litteris,* c'est que le *codex* du créancier suffit pour établir l'obligation; or, nous savons qu'en effet le contrat littéral se forme par les écritures du seul créancier. Un tel raisonnement ne peut tenir devant un examen un peu attentif du texte; les termes dont se sert Cicéron sont des plus significatifs : s'il fait cette déclaration, c'est *copia et facultate causæ confisus,* et comment la fait-il? « *Non* « *recuso* », dit-il; et plus bas : « *ratum habebit Roscius.* » Chaque mot du texte prouve invinciblement que c'est une concession que Cicéron se déclare prêt à accorder, et il n'a garde d'oublier de faire apprécier aux juges l'étendue de sa générosité: « Un frère ne le ferait pas pour son frère, un père pour son fils. » Je maintiens donc qu'on ne peut voir dans ce texte une mention quelconque du contrat *litteris* et mon argument est bien simple : Si Fannius avait pu soutenir que les ins-

1. *Ibid.*, XXV.

criptions de son *codex* constituaient un contrat littéral parfait, Cicéron n'aurait pas parlé des livres de Roscius, de
leur confrontation avec ceux de Fannius; il n'aurait pas surtout présenté comme une grande concession l'offre de s'en
rapporter au *codex* du créancier seul[1].

2. « *Jam duæ partes causæ sunt confectæ: adnumerasse
« sese negat; expensum tulisse non dicit quum tabulas non
« recitat. Reliquum est ut stipulatum sese esse dicat..... Hæc
« pecunia necesse est aut data, aut expensa lata, aut stipu-
« lata sit. Datam non esse Fannius confitetur, expensam la-
« tam non esse codices Fannii confirmant; stipulatam non
« esse taciturnitas testium concedit.* »

Ce passage est-il contraire à la proposition que j'ai émise,
qu'il ne pouvait exister, dans les *tabulæ accepti et expensi*,
d'*expensilatio* créant une obligation littérale? Nullement;
il se concilie avec l'explication que j'ai donnée du passage
précédent. Voici, en effet, ce que dit Cicéron à Fannius:
Vous prétendez que vous êtes créancier: vous pouvez le
prouver par des témoins qui auront assisté à la dation ou à
la stipulation. Mais ce n'est pas là le moyen de preuve que
vous articulez: vous prétendez produire vos *adversaria* en
justice et nous y montrer une *expensilatio*. Que nous importe, puisque cette *expensilatio* ne se trouve pas sur votre
*codex!* L'*expensum* dont il s'agit n'est donc pas nécessairement une *expensilatio* créant un contrat littéral, et la thèse
que j'ai fondée sur la discussion du passage précédent n'est
pas ébranlée par le texte de celui-ci[2].

Je crois donc que l'on ne peut fonder sur aucun texte ni
sur aucun raisonnement la doctrine défendue par l'école de
Savigny.

1. *Ibid.*
2. *Ibid.*

Je pense que le *nomen transcriptitium* est un titre distinct du *codex*, comme en sont distincts les *chirographa*, les *syngraphæ*, les *cautiones*.

Mais c'est ce titre, il ne faut pas l'oublier, qui, par une vertu propre, engendre l'obligation, crée le lien de droit.

Peut-on, dans l'état des textes, déterminer avec quelque précision la forme qu'il affecte? Je ne le pense pas, mais il est permis de présenter ici quelques conjectures.

Le *nomen transcriptitium* était une *expensilatio*. L'écriture devait donc constater un *expensum*, c'est-à-dire la remise d'une somme d'argent. Y avait-il une formule solennelle que le créancier était tenu d'employer dans la rédaction de cet écrit, comme le stipulant devait, dans l'interrogation qu'il adressait au débiteur, avoir recours à des *certa verba?* Il ne me répugne nullement de le penser, bien qu'on ne puisse l'affirmer avec certitude.

En effet, un acte solennel, qui a des analogies incontestables avec la stipulation, qui se forme *litteris* comme la stipulation *verbis*, semble devoir revêtir une forme précise, nettement fixée par le droit, et une formule aux éléments rigoureusement déterminés peut seule avoir cet effet.

De plus, le texte de Théophile nous parle de *solemnia verba et scripta*. Ce texte est assez embarrassant; Théophile semble en effet exiger la *prononciation* de paroles solennelles: « *Necesse erat solemnia verba dicere et* scribere *ad* « *eum quem litteris obligare mihi volebam. Erant autem hæc* « *verba, quæ et* dicebantur *et* scribebantur : *Centum aureos* « *quos mihi ex causa locationis debes, tu ex conventione et con-* « *fessione litterarum tuarum dabis? Deinde* adscribebantur, *ut* « *ab eo qui jam ex locatione obligatus esset, hæc verba : Ex con-* « *ventione debeo litterarum mearum.* » Or, nous savons que la présence du débiteur n'est pas nécessaire; nous savons que l'acte qui crée l'obligation est un acte unilatéral, émanant du créancier seul et valable pourvu que ce débiteur l'ait consenti; car, sur tous ses points, il ne peut, en présence des textes, y avoir qu'une opinion et qu'une doctrine. Je ne puis donc pas admettre que des paroles aient dû être prononcées, mais je crois qu'il faut retenir ceci du texte de Théophile: c'est que la formule qui devait constater une remise de deniers, puisque c'était une *expensilatio*, devait en même temps constater la nature, la cause de l'obligation préexistante. Théophile, en effet, à le lire avec attention, n'a pas prétendu donner la reproduction exacte de la formule qui était usitée; il nous indique son sens, ses éléments, parmi lesquels l'obligation antérieure: « *quos mihi ex* CAUSA « LOCATIONIS *debes.* » J'invoque, en faveur de cette solution, les mêmes considérations qui servent à nos adversaires à établir la nécessité d'une double inscription sur le *codex*; je dis à mon tour: Les deux éléments de la *transcriptio* doivent avoir leur expression morphologique. Cette expression, c'est l'*expensum* pour l'obligation qui naît; ce sera, pour l'obligation qui s'éteint, la mention de sa cause. Je ne donne d'ailleurs cette opinion que comme une conjecture[1].

---

1. Je suis loin d'être convaincu que Théophile exige le *prononcé* de paroles solennelles. Le passage *per verba et scripta solemnia* peut très-bien s'entendre d'une formule écrite. Restent les deux phrases : « *necesse erat solem-* « *nia verba dicere et scribere, — erant autem hac verba quæ et dicebantur* « *et scribebantur.* » Il faut remarquer que plus bas le texte ne répète plus le mot *dicere* : « *Deinde adscribebantur ut ab eo, etc.* » Théophile ne dit pas d'ailleurs que les paroles qu'il rapporte aient été sacramentelles : il *explique* ce que font d'un commun accord le créancier et le débiteur; le terme grec λέγειν, διλέγειν ne peut-il s'entendre dans le sens de *convenir, s'entendre sur ?* Le consentement du débiteur à l'écrit dressé par le créancier : voilà à quoi se réduirait la condition que Théophile exige.

M. Buonamici est aussi d'avis qu'il ne s'agit pas, dans ce texte de Théophile, de paroles *prononcées.* Mais il se borne à dire « qu'à examiner le passage de près, Théophile s'accorde avec Gaius ». Voici comment : M. Buonamici adopte

Un instrument qui mentionne une *expensilatio*, peut être aussi la cause de l'obligation antérieure, telle est donc la forme que revêt l'obligation littérale.

## § II.

### NATURE ET EFFETS DE L'OBLIGATION LITTÉRALE.

Cette discussion m'a fourni l'occasion d'indiquer déjà les principaux caractères de l'obligation littérale. Je me borne donc, dans ce paragraphe, à les présenter dans un ordre méthodique et à examiner les difficultés que l'on peut soulever à leur sujet.

1. Je pense que l'existence d'une dette antérieure à la *transcriptio* est un des éléments essentiels du contrat littéral[1]. L'unanimité et la précision des témoignages sur ce point sont, à mon sens, absolument concluantes; le mot même de *transcriptio*, les deux cas de *transcriptiones*, énumérés par Gaius, la définition du *nomen transcriptitium* dans Théophile, me paraissent exclure tout doute. Cependant, MM. Gide et Accarias professent l'opinion contraire. « Ce serait une « erreur grave, dit ce dernier auteur, de s'imaginer, sur le « vu des hypothèses présentées par Gaius, que ce contrat « tende invariablement, semblable en cela à la novation, à « remplacer une obligation antérieure par une obligation

la version que donnent certaines éditions de Gaius : « *inde expensum tulero* » (au lieu de *id*). Ce mot « *inde* » est pour lui un indice suffisant pour conclure que Gaius exigeait dans l'écrit la mention de la cause de l'obligation antérieure. Or, c'est ce qu'exige Théophile. Sur ce dernier point, j'adopte l'opinion de M. Buonamici; mais, comme il le fait remarquer lui-même, ce n'est pas *inde*, c'est *id* que donne l'*apographum* de M. Studemund. De plus, les mots *dicere*, *dicebantur* du texte de Théophile restent à expliquer. J'ai donc préféré être moins affirmatif et donner mon opinion d'une façon moins précise.

1. BUONAMICI, *Archiv. giurid.*, XV.

« nouvelle. Il est fort possible, en effet, qu'il ne se rattache
« à aucun rapport de droit préexistant. Par exemple, je veux
« vous faire une donation ou vous ouvrir un crédit : vous
« écrivez sur votre livre que vous avez reçu de moi telle
« somme, puisque vous me l'avez comptée[1]. » A l'appui de
cette doctrine, M. Accarias cite le passage de Valère-Maxime,
rapporté plus haut. Nous avons là, dit-il, l'exemple d'une
donation réalisée par voie d'un contrat, et l'auteur exprime
formellement qu'elle était colorée *nomine debiti*; M. Gide
ajoute que si le droit avait exigé une obligation antérieure
comme cause de l'obligation nouvelle, l'obligation *litterarum*
ne serait plus *litteris facta;* elle n'aurait plus son principe
générateur dans la formule écrite, et il conclut ainsi : « Ce
« n'est donc pas l'*existence,* c'est la *mention écrite* d'une
« obligation antérieure qui est ici la condition et l'élément
« du contrat[2]. » Je réponds avec le texte de Gaius et celui
de Théophile, qu'on n'écarte pas à mes yeux en affirmant
que « Théophile est tombé dans l'erreur[3] ». L'opinion de
MM. Gide et Accarias est au fond déterminée par la théorie
qui fait du contrat *litteris* une dépendance du *codex;* c'est
en effet pour trouver à cette théorie un appui dans les termes
« *transcriptio, transcriptitium* » qu'on les détourne de leur
vrai sens. Ils ne sont pas, je le répète[4], relatifs à la *forme*
du contrat littéral, mais au *fond* de ce contrat; l'*obligatio
litteris* suppose l'existence d'une obligation antérieure par
définition (*nomen transcriptitium*). Je ne vois d'ailleurs pas
comment mon opinion contredirait cette vérité incontestable : que l'obligation naît *ex litteris.* Dans la novation, l'obli-

---

1. *Précis de droit romain,* II, 579.
2. *Observations sur le contrat* litteris, p. 16.
3. Accarias, *Précis de droit romain* (1878), p. 381, note 2.
4. *Voy. supra,* § 1.

gation nouvelle ne naît-elle pas *ex verbis?* J'ajoute que le texte de Valère-Maxime semble avoir la destinée singulière d'être invoqué partout où l'on ne peut en tirer d'argument. Il s'agit d'un acte frauduleux dans ce texte; un tel acte est, par définition, un acte qui ne remplit pas les conditions de l'acte valable. Aussi, voyons-nous le préteur Aquilius Gallus refuser de faire exécuter la prétendue obligation *litteris*[1]. Comment, d'ailleurs, comprendre une condition de forme qui ne correspond à aucune condition de fond? S'il est logique de conclure du fond à la forme, il est logique aussi de conclure de la forme au fond.

C'est, à raison de ce caractère, la préexistence d'une dette, que le droit civil romain a admis l'*obligatio litteris*. Jehring a pleinement mis en lumière une loi historique dont l'exactitude se vérifie constamment quand on parcourt les différents actes du droit primitif de Rome : c'est que tous les actes juridiques doivent, dans le droit ancien, être conclus *oralement*[2]. La parole est à l'origine la forme juridiquement nécessaire. Le contrat *litteris* est une exception à cette règle; c'est, dit Jehring, qu'il n'a été, dès l'origine, que l'enregistrement d'une dette d'argent déjà créée[3]. Envisagé dans son but et dans sa forme, c'est un moyen de preuve : mais à cet enregistrement, on attribua une force probante absolue, et il devint la *causa civilis obligationis*[4].

On n'a donc pas, en présence des *litteræ*, à rechercher les causes réelles qui ont pu déterminer l'accord des parties[5]; l'obligation existe indépendamment de cette preuve. Mais le

---

1. Valère-Maxime, *loc. cit.*
2. Jehring, t. III, p. 276 (Analyse du formalisme).
3. *Ibid.*, p. 279.
4. Cpr. Buonamici, *Archiv. giurid.*, XII.
5. Cpr. Accarias, *Précis de droit rom.*, t. II, p. 580.

debiteur peut, comme dans la stipulation, proposer les exceptions et les autres moyens qui lui compètent du chef de l'opération, notamment l'exception de dol[1]. Cicéron confirme ce point dans un passage du *De officiis*. « *(Cassius) emit,* « *nomina facit, negotium conficit..... Nondum enim Aquilius,* « *collega et familiaris meus, protulerat de* dolo malo for« mulas[2].* »

D'ailleurs, le débiteur devait consentir à ce que le créancier dressât le *nomen transcriptitium*. J'ai déjà établi ce point dans le paragraphe précédent. Il était assez dans l'usage de faire constater ce consentement par des témoins que Sénèque, en deux endroits différents, désigne sous le nom de *pararii*. Le philosophe déplore les précautions dont on s'entoure dans les affaires, triste signe du peu de crédit qu'on donne à la bonne foi :

« *Cogere fidem quam spectare malunt. Adhibentur ab* « *utraque parte testes.* Ille per tabulas plurium nomina, in« terpositis parariis, facit ; *ille non est interrogatione con-* « *tentus, nisi rem manu sua tenuit[3].* » Plus loin, il parle de ces gens qui veulent tenir les affaires secrètes, sans donner de sûretés :

« *Quidam nolunt nomina secum fieri,* nec interponi para- « *rios, nec signatores advocari, nec chirographum dare[4].* » Ces *pararii*, témoins habitués des parties, semblent avoir été des courtiers d'affaires[5].

On sait déjà que le contrat *litteris* est un acte unilatéral ; c'est l'œuvre du créancier seul. Gaius est sur ce point abso-

1. Cpr. MAYNZ, *Cours de droit rom.*, t. I, § 247.
2. CICÉRON, *De officiis*, III, 11.
3. SÉNÈQUE, *De beneficiis*, L III, § 15.
4. *Ibid.*, L. II, § 23.
5. Voy. BRONAXICI, *Archiv. giurid.*, XVI.

lument formel. C'est de plus un contrat solennel, mais il n'exige que le concours des parties; c'est un de ses nombreux points de contact avec le contrat verbal. C'est enfin un contrat du pur *droit civil*. Gaius le dit en termes exprès en examinant la question de savoir si le *nomen transcriptitium* est accessible aux pérégrins:

« *Transcriptitiis vero nominibus an obligentur peregrini « merito quæritur* quia quodammodo juris civilis est talis « obligatio: *quod Nervæ placuit. Sabino autem et Cassio « visum est, si a re in personam fiat nomen transcripti- « tium, etiam peregrinos obligari; si vero a persona in per- « sonam, non obligari*[1]. »

Il ressort très-clairement de ce passage que les seuls Romains pouvaient devenir créanciers en vertu d'un *nomen transcriptitium*; ce qui s'explique fort bien sans qu'il soit nécessaire de donner pour raison que les pérégrins n'avaient point de *codex*[2]. Il suffit que le contrat soit l'œuvre exclusive du créancier et qu'il appartienne au droit civil; la conséquence nécessaire de ces deux caractères de l'obligation littérale est l'impossibilité, pour le pérégrin, de devenir créancier.

Mais ce pérégrin pourrait-il devenir débiteur en vertu d'une obligation *litteris*? Gaius rapporte la controverse qui s'était élevée sur ce point: les uns excluant absolument les pérégrins de toute participation au contrat *litteris*, les autres reconnaissant qu'une *transcriptio a re in personam* pouvait les rendre débiteurs. C'est qu'en effet dans la *transcriptio a re in personam*, l'obligation naît, au fond, du fait d'avoir reçu une somme d'argent; il y a un élément naturel dans le contrat. Dans le cas, au contraire, où la *transcriptio* se fait

1. Gaius, III, 133.
2. C'est la raison que donnent les interprètes de l'école de Savigny, et notamment Gide, Accarias et Maynz.

*a persona in personam*, un débiteur est substitué à un autre, et se trouve engagé vis-à-vis du créancier sans avoir jamais rien reçu de lui : on peut dire qu'il y a là quelque chose de plus artificiel que dans le cas précédent[1].

2. L'objet de l'obligation littérale est toujours une somme d'argent[1]. Peut-être faut-il admettre qu'elle peut porter aussi sur d'autres choses fongibles ; mais je n'en ai trouvé aucun exemple. C'est toujours à une *numeratio pecuniæ* que l'on compare le *nomen transcriptitium*.

Quelles étaient les modalités dont ce *nomen* était susceptible ? La condition expresse était exclue : la preuve en est dans un texte des *Fragmenta Vaticana* :

« *Sub conditione cognitor non recte datur, non magis* « *quam mancipatur, aut acceptum vel expensum fertur...*[2]. »

Mais il paraît résulter d'une lettre de Cicéron à Atticus que la condition tacite était admise. Il y est question, en effet, d'une *transcriptio* conditionnelle[4]. Ces solutions s'expliquent d'ailleurs très-bien dans l'esprit de la législation romaine. Je n'oserais me prononcer sur la question de savoir si le terme exprès est également exclu. On a cité, pour la négative, une lettre de Cicéron que j'ai rapportée plus haut : « *Accepi Ariani litteras in quibus hoc inerat liberalissimum* « *nomina se facturum quum venerit, quo ego vellem die*[5]. » Il n'est pas assez certain que ce passage soit relatif à un *nomen*

---

1. ACCARIAS, *Précis de dr. rom.*, t. I, § 80. — MAYNZ, *Cours de dr. rom.*, II, § 247. — Mais il ne s'agit ici que des pérégrins proprement dits. Les *Latini*, au moins les *Latini veteres*, s'obligeaient *litteris*. — Voy. TITE-LIVE, XXXV, 7. (ACCARIAS, II, p. 385, note 5.)

2. C'est ce que tous les textes concourent à établir. — Voy. GAIUS, III, 129 et 130 ; et CICÉRON, *Pro Roscio*, II, 5.

3. *Fragm. Vaticana*, § 329.

4. *Ad Attic.*, IV, 18.

5. Voy. *suprà*, chap. prélim., § 1.

*transcriptitium* pour qu'on puisse donner une solution sur son fondement. — Il semble cependant que, sur un titre né des usages du commerce d'argent et employé surtout dans les transactions de banque, la clause de terme doit nécessairement se trouver.

3. Les effets de l'obligation littérale se déduisent de son caractère. Elle implique novation de la dette préexistante et l'action qu'elle engendre est une action de droit strict. L'une de ces conséquences est attachée étroitement à la nature de la *transcriptio*, ou plutôt, la *transcriptio* même est une novation. L'autre est la suite nécessaire du caractère civil de l'obligation *litteris*.

La généralité des interprètes ne fait aucune difficulté à voir une novation dans le contrat *litteris;* Ortolan[1], Maynz[2], Walter[3], Arnds[4], bien qu'admettant tous la relation de l'obligation *litteris* avec les *tabulæ accepti et expensi*, sont sur ce point d'accord avec M. Buonamici[5]; M. Gide s'est fait, au contraire, le champion brillant et habile d'une doctrine d'après laquelle le contrat *litteris* et la novation seraient deux institutions juridiques inconciliables[6]. Je vais mettre sous les yeux du lecteur les arguments qu'il apporte à l'appui de sa thèse.

Gaius traite en détail, dans ses Commentaires, du contrat *litteris* et de la novation, et il nous présente ces deux actes juridiques comme complétement indépendants. Jamais, en effet, en traitant de l'obligation littérale, il ne fait allusion à la novation; jamais non plus il ne rappelle l'obligation littérale dans ses développements sur la novation. Cela est fort

1. *Explicat. historique des Instituts*, II, 1423.
2. *Cours de droit rom.*, II, § 247.
3. *Geschichte des röm. Reichs*, § 593.
4. *Pandect.*, § 218, note 3.
5. *Archiv. giurid.*, XV.
6. *Observ. sur le contrat* litteris, p. 24 et suiv.

remarquable, observe M. Gide, car d'ordinaire Gaius a soin de signaler les cas de novation qu'il rencontre dans le cours des ses commentaires; il le fait, par exemple, quand il énumère les divers modes d'aliéner et qu'il arrive au transport des créances par la stipulation : « *Quæ dicitur novatio obli-* « *gationis*[1]. »

S'agit-il au contraire du transport des créances par *expensilatio*, c'est-à-dire du contrat *litteris* ? il emploie, comme à dessein le mot de *délégation* au lieu de *novation : « Id est,* « *si Titius te delegaverit mihi.* » Or, il faut distinguer profondément en droit romain, la délégation de la novation. En droit romain, il peut y avoir délégation sans novation.

Il y a en effet délégation toutes les fois qu'un nouveau créancier ou un nouveau débiteur prend la place de l'ancien sur l'ordre de ce dernier. Un pareil résultat peut se produire : 1° par une stipulation : il y a novation alors dans le vrai sens du mot; 2° par une *litis contestatio.* Or, ici, il n'y a plus novation et c'est Gaius qui en fournit la preuve : « *Sine vero* « *hac novatione, non poteris tuo nomine agere, sed debes ex* « *persona mea quasi cognitor aut procurator meus, expe-* « *riri*[2] » ; 3° par une *transcriptio.* Ici, la question se pose; la solution ne s'impose pas.

Il y a des raisons de douter d'autant plus fortes que la novation et la délégation appartiennent à deux catégories différentes d'actes juridiques. On rencontre en effet, en droit romain, des actes qui ont des formes définies, et un contenu indéterminé, ce sont « comme des instruments dont on peut « se servir indifféremment pour les emplois les plus divers ». La *stipulatio debiti,* c'est-à-dire la *novation* appartient à cette classe. La délégation, au contraire, fait partie de la seconde

1. Gaius, II, 38.
2. II, 39.

catégorie ; elle produit un effet juridique bien défini, c'est-à-dire un transfert de créance, au moyen de formes différentes, stipulation (novation), *litis contestatio, transcriptio.*

Ces considérations portent à penser que le silence de Gaius sur l'effet novatoire du contrat *litteris* pourrait être voulu et calculé, et c'est ce dont on arrive à se convaincre en constatant les différences de la *transcriptio* et de la *novatio.*

La différence essentielle est celle-ci : « la *stipulatio debiti* « est un acte simple ; la *transcriptio* est un acte double. » Dans la première, il n'y a qu'une formule : *Spondes dare ? — Spondeo.* Dans la seconde, il y a deux inscriptions, une *expensilatio* et une *acceptilatio.*

Cette différence est profonde. La novation n'est qu'une transformation de la créance : « la forme change, mais le fond reste. » Il n'en est pas de même de la *transcriptio :* « la substance même de l'obligation est détruite ; rien n'en reste, pas plus que si elle avait été payée. » Dans le premier cas, il y a transformation ; dans le second, anéantissement de l'obligation première.

Deux remarques viennent compléter cette argumentation. Quand Gaius parle du transfert des créances, il indique la novation, il n'indique pas la *transcriptio*[1]. C'est que celle-ci n'est pas réellement une aliénation ; il n'y a pas succession de créanciers ; « le nouveau créancier ne tient ses droits que de lui-même, puisqu'il est censé avoir prêté, et l'ancien n'a rien pu lui transmettre, puisqu'il est censé avoir été payé »[2].

De plus, quand on stipule un prix de vente, par exemple, on peut avoir l'intention de se procurer deux actions au lieu d'une. L'effet novatoire, en un mot, ne se produit que s'il y a

1. *Ibid.*
2. *Observ.,* p. 32.

l'*animus novandi*. Dans la *transcriptio*, au contraire, l'extinction de l'ancienne créance se produit nécessairement.

On voit qu'il faut, pour formuler la question avec exactitude, la poser en ces termes : La *transcriptio* opère-t-elle une novation au sens technique et romain du mot? Car, en droit moderne, toute l'argumentation que je viens de résumer n'aurait aucune portée. Mais ainsi posée, la question ne doit pas, à mon avis, recevoir la solution que lui donne M. Gide.

Cette solution a une double origine : l'opinion de M. Gide sur la novation; son opinion sur la forme du contrat *litteris*.

La théorie de M. Gide sur la novation, qu'au reste je n'ai pas à examiner ici, se résume en ces deux propositions : 1° on ne nove que par la stipulation; 2° l'objet de la dette nouvelle est le même que celui de l'ancienne dette.

Cette seconde condition à laquelle la novation est subordonnée est remplie par la *transcriptio*. Elle est, en effet, l'enregistrement d'une dette ancienne avec modification de la *causa civilis obligationis*. Même objet, et *aliquid novum* (*causa civilis*) : voilà les deux éléments de la novation. Ils existent dans le *nomen transcriptitium*.

Et maintenant, on ne nove que par la stipulation? Ceci est résoudre la question par la question. Il s'agit précisément de savoir si la *transcriptio debiti* n'a pas, comme la stipulation, un effet novatoire. Et pour qui se rappelle les nombreuses analogies du contrat *verbis* et du contrat *litteris*, c'est une solution fort naturelle.

Gaius, dites-vous, ne le dit pas. Je ne puis attacher aucune importance à ce silence qui a sa raison, et une raison fort simple. Gaius ne le dit pas en traitant du transfert des obligations par la raison que le transfert est l'effet volontaire et unique de la stipulation, et qu'il est dans la *transcriptio*, l'effet nécessaire d'un acte qui produit d'autres résultats encore. Si donc je veux transporter ma créance, et rien de plus, c'est à la stipulation que j'aurai recours. Gaius ne parle pas non plus de la *litis contestatio;* là encore, en effet, le transfert n'est pas le résultat principal voulu par les parties[1]. S'il garde également le silence sur l'effet novatoire du contrat *litteris* en traitant de ce contrat et de la novation, on en peut plutôt tirer un argument en faveur de mon opinion. A côté de la novation, Gaius place, en effet, la *litis contestatio*[2]; il la considère comme un mode distinct et séparé d'extinction. Il ne mentionne pas, au contraire, la *transcriptio* qui est cependant sans aucun doute un mode d'extinction des obligations; n'est-on pas porté à penser qu'il la confond dès lors avec la novation?

Mais, dit-on, que parle-t-on ici de novation? C'est délégation qu'il faut dire. Deux très-simples observations sont à faire sur cet argument : la délégation faite par voie de stipulation est une novation à vos propres yeux. La *transcriptio* n'a pas le même effet? Je ne veux pas examiner ce point, mais c'est toujours la question par la question.

D'ailleurs, je n'hésite pas à reconnaître que pour quiconque admet le mécanisme de la double inscription sur le *codex*, la solution de M. Gide s'impose. Rien n'est plus exact, alors, que de dire : Nous sommes en présence d'un paiement; la première obligation est anéantie, et non pas transformée; ce n'est donc pas une novation qui se présente à nous; c'est bien plus. Mais j'échappe aisément à cet argument, moi qui considère le *nomen transcriptitium* comme n'ayant rien de commun avec le *codex*.

---

1. « *Sine hac novatione* », porte le texte (II, 39); *hac novatio*, c'est la novation par la stipulation.

2. Gaius, III, 180.

Il ne me suffit pas, d'ailleurs, d'y échapper ; je puis prouver directement la solution que j'adopte. J'aurai ici encore, recours à la définition que nous donne Théophile du *nomen transcriptitium* : « *Vetus debitum transformatum in novum creditum.* » En lisant ce passage, on songe immédiatement à la définition même de la novation, telle que la donne Ulpien dans la loi 1, au Dig. *De novationibus* (46, 2) : « *Novatio est prioris debiti in aliam obligationem transfusio atque translatio.* » Ainsi la thèse que j'ai soutenue se vérifie dans ses applications.

J'arrive à l'action qui découle du contrat littéral. Il y a peu de chose à en dire. C'est une *actio stricti juris*, une *condictio* comme celle qui résulte du *mutuum* [1]. J'ai déjà eu l'occasion de faire remarquer que l'exercice en était plus facile que celui de la *condictio ex mutuo* : la preuve en effet était attachée au titre même qu'on représentait en justice. D'un autre côté, comme je l'ai déjà dit, le créancier n'avait pas la voie de la *manus injectio.*

4. L'étude du contrat *litteris* fait très-clairement apparaître le parallélisme de cette institution avec la stipulation. J'ai signalé, chemin faisant, les différences qui les séparent ; il m'en reste une à indiquer. Les formes sont absolument dissemblables ; par la *transcriptio,* un sourd, un muet, un absent peut s'obliger ou devenir créancier. L'obligation littérale est donc d'un usage plus commode et plus universel que la stipulation ; elle porte la trace de son origine qui est la pratique des opérations de banque [2].

---

1. Voy. Accarias, Maynz, Ortolan, *loc. cit.* Add. de Vangerow, I, § 139 (p. 201).
2. Il ne faut pas perdre de vue que l'objet de l'obligation littérale, c'est l'argent.

## § III.

### ORIGINE, UTILITÉ, DESTINÉE DE L'OBLIGATION LITTÉRALE.

Je viens, pour la seconde fois, d'affirmer que l'obligation littérale a son origine dans la pratique de la banque. Cela est au moins fort probable.

L'esprit établit involontairement une comparaison entre l'*obligatio litteris* et les billets de crédit du droit moderne. Même simplicité, même commodité des formes, qui sont des écritures; même rigueur dans ces formes et dans la voie de droit qui sanctionne l'obligation. Ces traits sont caractéristiques et n'ont jamais été créés que pour les besoins du commerce d'argent.

Tous les auteurs reconnaissent à l'obligation littérale ce caractère général. Ceux qui admettent que le contrat *litteris* se forme par des inscriptions sur le livre de caisse et qui arrivent à le décomposer en deux opérations fictives, une *acceptilatio* et une *expensilatio,* ne sont guère en peine pour lui assigner une origine et pour déterminer son champ d'application. Son origine se confond avec celle des *codices* eux-mêmes; née avec eux, l'obligation littérale disparaît de l'usage quand ils tombent en désuétude. Son utilité pratique s'aperçoit très-aisément. L'obligation *litteris* servait tour à tour « soit à transférer et à faire circuler les créances, soit à ouvrir des crédits de place en place, soit enfin à acquitter les dettes sans numéraire en les soldant les unes par les autres [1] ».

Je suis très-porté à croire qu'en effet les *tabulæ accepti et expensi,* surtout les livres des banquiers, servaient à ces différents objets. Je pense que des *acceptilationes* et des *ex-*

[1] Gide, *Observ.,* p. 14.

*pensilationes* fictives n'étaient pas rares sur ces livres; mais il n'est pas nécessaire d'y voir autant de contrats littéraux. N'oublions pas, en effet, que les livres se contrôlent les uns par les autres; que la *concordance des écritures des deux parties* est une preuve complète, entière, des opérations que ces écritures constatent. La force attachée à cette *preuve* suffit pour que tous les effets énumérés plus haut se produisent; quelques lettres échangées, des écritures passées sur les livres des deux parties et les paiements sont établis, les versements prouvés; des dettes ont été éteintes, d'autres personnes ont été débitées. Ce sont là des résultats que le *codex* peut servir à produire dans mon opinion comme dans celle des auteurs dont j'ai jusqu'à présent combattu les idées. Tout ce que je nie, c'est que ce soit toujours par le contrat littéral que ces résultats se produisent.

Ils pouvaient, en effet, se produire par le contrat *litteris* tel que je le conçois. Pour l'acquéreur d'une créance qui voulait avoir entre les mains un titre plus commode que ses livres domestiques, c'était à la transcription plutôt qu'à la stipulation qu'il fallait recourir. Je vais plus loin et j'avance que le *nomen transcriptitium* s'introduisit dans l'usage précisément lorsque les *codices* en sortirent. Pour les banquiers, les livres restèrent toujours des moyens fort commodes de faire la preuve des paiements ou des versements; mais lorsque les particuliers eurent abandonné l'usage du *codex*, il leur fallut un titre. Remarquez que le terme « *nomen transcriptitium* » se trouve pour la première fois dans Gaius, et que Gaius est un contemporain d'Antonin le Pieux et de Marc-Aurèle; remarquez qu'Asconius présente les *codices* comme inusités dès son époque et qu'il mourut sous Néron ou sous Domitien. Ceci, bien entendu, n'est qu'une simple conjecture; car bien peu de chose nous est parvenu des livres de droit antérieurs à Gaius, et j'ai déjà dit que la critique moderne tend à attribuer les scolies sur les *Verrines* à un commentateur très-postérieur à Asconius. Quoi qu'il en soit, je signale cette coïncidence et l'idée par laquelle elle peut s'expliquer.

Mais le principal effet de l'obligation *litteris* est celui que j'ai déjà rappelé plusieurs fois; c'est de substituer l'action précise et rigoureuse du *mutuum*, la *condictio*, aux obligations plus vagues qui résultent des divers contrats. La forme par laquelle cette substitution se fait révèle, comme son but, une institution née du génie commercial, et bien postérieure au *codex*, ce livre élémentaire des comptes du père de famille dont on trouve l'usage déjà ancien à Rome à l'époque des guerres puniques. Et une observation que je répète ici confirme cette opinion : la solennité de l'écriture est étrangère au droit ancien, où c'est la parole qui est la forme solennelle; elle n'a pu s'introduire qu'à une époque relativement récente.

A l'époque de Justinien, le contrat *litteris* a disparu de la liste des contrats, et les Institutes n'en font mention que pour en constater la désuétude. On ne peut, je crois, fixer même d'une façon approximative, la date de sa disparition; on ne peut que se demander sous l'influence de quelles causes ce résultat se produisit.

Je crois, avec M. Gide, qu'une des causes principales est dans l'introduction du pacte de constitut.« Introduit par le pro-
« grès de la jurisprudence, le pacte de constitut a peu à peu
« pris la place de l'ancien contrat écrit. Comme ce contrat,
« il produit une action énergique, renforcée par une *spon-*
« *sio* pénale; comme ce contrat, il se conclut entre absents
« et ne s'applique qu'aux choses fongibles; comme ce contrat
« enfin, il suppose toujours une obligation préexistante. Les

« deux espèces de constitut que distinguent les lois du Di-
« geste (*constitutum debiti proprii, constitutum debiti alieni*)
« correspondent exactement aux deux espèces de *trans-
« criptio*, que distinguait Gaius (*transcriptio a re, trans-
« criptio a persona*)[1]. » Je pense toutefois que le pacte de
constitut ne fit que restreindre le champ d'application du
contrat *litteris*. La preuve de ce que j'avance est dans ce
fait, que ce pacte remonte au moins à l'époque de Cicéron,
et que le contrat *litteris* existait encore au temps des Anto-
nins. Je crois plutôt qu'il faut attribuer le déclin de l'obligation *litteris*, comme institution pratique, à la facilité de
plus en plus grande de prouver la stipulation. L'usage de la
constater par écrit est fort ancien, mais à l'époque classique,
le débiteur pouvait toujours offrir de prouver qu'il n'était
pas en présence de son adversaire au moment où, d'après
celui-ci, le contrat se serait formé[2]. Justinien proscrivit cette
preuve : le défendeur dut établir, non pas seulement que le
prétendu créancier et lui ne s'étaient pas rencontrés au jour
indiqué, mais que l'un des deux l'avait passé tout entier
hors du territoire désigné[3]. Cette preuve par elle-même
fort difficile, ne pouvait se faire que par écrit, ou par des
témoins au-dessus de tout soupçons (*omni exceptione majo-
res*). Dans cet état de la législation, n'est-il pas naturel de
supposer qu'un écrit constatant une stipulation, opérant par
conséquent novation de la précédente créance et substitution d'une *actio stricti juris* à l'action du précédent contrat,
dut être préféré par les parties au *nomen transcriptitium*,
dont les formes solennelles devaient répugner aux idées et
aux mœurs ?

1. *Ibid.*, p. 23.
2. V. I. 134, § 2 De V. O. 451. — L. I, C. *De contrah. et committ. stip.* 8, 38.
3. L. 11. C. *De contrah. et comm. stip.* 8, 38. — *Instit.*, III, XIX, § 12.

# CHAPITRE II

## Le contrat litteris des pérégrins.

« *Præterea litterarum obligatio fieri videtur chirographis*
« *et syngraphis, id est si quis debere se aut daturum se scri-*
« *bat, ita scilicet, si eo nomine stipulatio non fiat. Quod genus*
« *obligationis proprium peregrinorum est*[1]. »

Que faut-il penser de ce texte de Gaius ? Peut-on se fonder
sur lui pour dire qu'il existait à l'usage des pérégrins une
véritable obligation littérale dont l'écriture était la *causa
civili* ? Ou bien faut-il voir dans les *chirographa* et les *syngraphæ* un simple mode de preuve, introduit dans la pratique romaine par les pérégrins ? La question est très-contro-
versée ; néanmoins l'accord tend à se faire sous l'influence de
l'école allemande, qui ne voit dans les *syngraphæ* et les *chirographa* qu'un instrument probatoire. M. Gide, en France,
accepte et défend cette solution[2] ; Ortolan[3], au contraire, l'a
combattue ; M. Accarias[4] propose, ou plutôt, indique une
distinction. En Belgique, M. Maynz[5] admet encore la doctrine d'Ortolan. C'est cette doctrine que je vais exposer en
premier lieu.

Il ne faut pas, dit-on, isoler le passage de Gaius de son
contexte ; l'économie de ses développements jette une vive
lumière sur le sens de notre phrase. Il vient de parler des

---


1. Gaius, III, 134.
2. *Observ. sur le contrat* litteris, p. 33 et suiv.
3. *Explic. hist. des Instit.*, II, 1431.
4. *Précis de droit rom.* (1878), p. 385, note 1.
5. *Cours de droit rom.*, II, § 247.

*nomina arcaria* et d'expliquer que ce sont de simples moyens de preuve: « *arcaria nomina nullam facere obliga-* « *tionem, sed obligationis factæ testimonium præbere.* » Il en conclut que les *nomina arcaria* sont valablement faits entre pérégrins : « *quia non ipso nomine, sed numeratione pecuniæ* « *obligantur.* » Puis il passe à la question de savoir si des *nomina transcriptitia* peuvent obliger des pérégrins ? et après avoir rapporté l'opinion affirmative de Sabinus et de Cassius, il ajoute notre phrase : « *Prælerea litterarum obligatio fieri* « *videtur chirographis et syngraphis.* » Ainsi l'obligation *lit-* *terarum* dont il est question dans le dernier paragraphe est mise, au point de vue du lien obligatoire, sur le même rang que la *transcriptio a re in personam* dans l'opinion de Sa-binus et de Cassius (arg. du mot « *prælerea* ») et opposée au *nomen arcarium*, simple mode de preuve.

Mais l'argument déterminant est puisé dans la phrase inci-dente : « *si eo nomine stipulatio non fiat.* » Le *chirographum* crée une obligation littérale, pourvu qu'il n'y ait pas eu de stipulation. La stipulation avait été, on se le rappelle, rendue accessible aux pérégrins; mais il faut alors que le *chirogra-phum* ne soit pas un simple acte *probatoire : «* autrement il servirait à prouver la stipulation aussi bien que tout autre contrat[1]. »

Ajoutez que si Gaius dit, au début du passage : « *litterarum obligatio fieri videtur* », il est très-formel à la fin. La situation qu'il vient de décrire est un « *genus obligationis* », c'est-à-dire une source propre et distincte d'obligation. Une telle expression n'est pas applicable à un écrit simplement des-tiné à faire preuve. D'ailleurs, les mots « *fieri videtur* » se comprennent facilement sous la plume d'un jurisconsulte

1. Ortolan, *loc. cit.*

romain : l'obligation littérale que Gaius va mentionner n'est pas romaine ; elle est littérale cependant[1].

Je préfère me ranger à l'opinion contraire. Comme M. Gide le fait remarquer, cette expression « *fieri videtur* » sous la plume d'un écrivain aussi précis que Gaius et dans un ouvrage élémentaire qui ne comporte pas de longs développements, doit être prise à la lettre : c'est d'un *semblant* d'obligation littérale que Gaius va traiter[2]. J'accorde cependant que cet argument n'est point décisif : celui que je considère comme tranchant la controverse, c'est celui-ci :

Les *chirographa* et les *syngraphæ* sont des créations du droit grec, importées dans la législation romaine. « *Proprium « peregrinorum est*[3] », dit Gaius, confirmant ce que l'étymologie suffit à démontrer. Ces écrits, en passant dans la pratique romaine, ont conservé évidemment leur caractère national.

Or, les contrats à Athènes sont tous consensuels[4] ; l'esprit du droit grec est à l'opposé du formalisme étroit de l'esprit romain. Dans ce droit, les *syngraphæ* et les *chirographa* ne pouvaient être que des modes de preuve, et nous savons qu'en effet ils n'étaient pas autre chose[5].

Si Gaius établit une comparaison entre l'obligation littérale et le *chirographum*, c'est qu'il s'en tient aux résultats de deux situations, en soi fort différentes l'une de l'autre. Au point de vue romain, ce qui oblige, ce n'est pas le consente-

1. *Ibid.*
2. GIDE, *loc. cit.*
3. *Adde* l'Ps. ASCONIUS, parlant des *syngraphæ* : « *more institutoque Græcorum...* »
4. DÉMOSTHÈNE, c. Dionys., 1283, 10 (éd. Reiske) : « Les lois veulent que toute promesse librement consentie soit obligatoire. » (Cité par GIDE, *Observ.*, p. 35 *in fine.*)
5. Voy. les exemples donnés par GIDE, *Observ.*, p. 36, note 2.

ment, c'est la *stipulatio* ou la *transcriptio*. Les pérégrins peuvent user de l'une, mais non de l'autre ; quelle est la situation qui dans leur droit correspond à la *transcriptio ?* le billet, *syngrapha* ou *chirographum*. Ainsi s'explique aussi l'incidente : « *si eo nomine stipulatio non fiat.* »

Cette explication s'accorde infiniment mieux que la précédente avec le texte de Gaius.

Je crois qu'il faut s'y tenir sans s'arrêter à la distinction que M. Accarias semble proposer. Elle est fondée sur le passage, déjà cité, du pseudo-Asconius qui établit entre les *syngraphæ* et les *chirographa* cette différence : « *In chirogra-* « *phis quæ gesta sunt scribi solent.....; in syngraphis etiam* « *contra fidem veritatis pactio venit.* » Les *chirographa* vau-draient seulement comme preuve, tandis que les *syngraphæ* auraient par elles-mêmes la vertu d'obliger. J'ai déjà expliqué le passage d'Asconius ; on ne peut lui prêter un tel sens[1].

Concluons donc qu'à l'époque classique le droit romain ne connaissait d'autre contrat *litteris* que le *nomen trans-criptitium*.

1. Voy. *suprà*, chap. prélim., § 2.

# CHAPITRE III

## La litterarum obligatio des Institutes de Justinien.

Le titre XXI des Institutes constate d'abord la désuétude
des *nomina transcriptitia*: « *Olim scriptura fiebat obligatio,*
« *quæ nominibus fieri dicebatur: quæ nomina hodie non sunt*
« *in usu.* » Il ajoute ensuite:

« *Plane si quis debere se scripserit quod ei numeratum non*
« *est, de pecunia minime numerata post multum temporis*
« *exceptionem opponere non potest: hoc enim sæpissime consti-*
« *tutum est. Sic fit ut hodie dum queri non potest scriptura obli-*
« *getur, et ex ea nascitur condictio, cessante scilicet verborum*
« *obligatione.*

« *Multum autem tempus in hac exceptione antea quidem ex*
« *principalibus constitutionibus usque ad quinquennium proce-*
« *debat. Sed ne creditores diutius possint suis pecuniis forsitan*
« *defraudari, per constitutionem nostram tempus coarctatum*
« *est, ut ultra biennii metus hujusmodi minime extendatur.* »

Voici donc la situation dans laquelle il y aurait une *obli-*
*gatio ex scriptura* d'après les rédacteurs des Institutes:
un écrit a été dressé constatant un prêt; la numération
n'a pas eu lieu, et l'*exceptio non numeratæ pecuniæ* n'a
pas été opposée dans le délai voulu par la loi. Je n'hésite
pas à le dire, il n'y a là qu'un instrument de preuve ayant
acquis une force probante irréfragable, et non une obligation
*litteris*. Il n'est pas admissible, en effet, que l'action du
créancier, fondée sur un prêt avant l'expiration du délai
légal, soit fondée après le délai sur des *litteræ*; comment donc
se ferait cette novation singulière d'un contrat *re* en un

contrat *litteris?* Aussi ne trouve-t-on aucune trace d'une obligation littérale dans les textes du *corpus juris.* Or, comme le fait remarquer M. Gide, les *chirographa* étaient devenus d'un usage universel au temps de Justinien. On ne passait aucun contrat sans dresser un *chirographum;* si donc, il s'était transformé par la simple expiration d'un délai en un contrat *litteris,* « ce contrat aurait dû effacer et absorber tous les autres et nous devrions, dans les textes du Digeste et du Code, le rencontrer partout[1] ». Mais, bien loin de là, de nombreux textes énumèrent les sources des obligations ; de nombreux textes mentionnent l'usage des *chirographa;* mais, dans les premiers, les *litteræ* ne sont plus jamais nommées[2] ; et, dans les seconds, le *chirographum* n'apparait jamais que comme un mode de preuve[3]. Quant au passage des Instituts, sa rédaction s'explique. C'est un livre destiné à servir de manuel d'études, dont Justinien lui-même expose ainsi le caractère : « *scientiæ prima elementa in quibus breviter* « *expositum est* et quod antea obtinebat[4]... » Dans un ouvrage élémentaire et historique tout à la fois, il fallait conserver autant que possible les divisions des jurisconsultes classiques : « Pour reproduire dans son œuvre cette classification consa- « crée, — dit spirituellement M. Gide, — qu'a fait le légis- « lateur byzantin? Il a fait comme l'architecte qui, pour « donner à sa façade une apparence de régularité, y donnerait « une fausse fenêtre : son contrat *litteris* est un contrat « postiche qui ne figure que pour la symétrie[5]. »

1. *Observ.*, p. 38.
2. Voy. p. ex. l. I, § 1, Dig. *De O. et A.*, 44, 7 (GAIUS) : *Obligationes ex con-tractu aut re contrahuntur, aut verbis aut consensu.*
3. Voy. p. ex. l. I, 2, § 3. D. *De J. F.*, 49, 14.
4. *Instit. proœm.*, § 5.
5. *Observ.*, p. 44.

Cette opinion est adoptée par MM. Maynz[1] et Accarias[2] et prévaut aujourd'hui. Ortolan arrive à des conclusions un peu différentes : « Veut-on conclure qu'à l'époque de Justinien « il n'y a plus de contrat *litteris?* Il faudra en dire autant « du contrat *verbis* intervenu pour prêt de consommation ; « car la règle est la même en ce cas pour l'un comme pour « l'autre contrat. La vérité est qu'en définitive ni le *chirogra-* « *phum* ni la promesse sur stipulation pour prêt d'argent ne « produisent plus par eux-mêmes d'obligation efficace, si ce « n'est au bout du temps fixé et que Justinien prend le con- « trat *litteris* tel qu'il le trouve parvenu à son époque[3]. »

*L'exceptio non numeratæ pecuniæ* peut être opposée au créancier qui invoque une stipulation constatée par un *chiro-graphum,* cela est hors de doute ; après l'expiration du délai légal, l'aveu contenu dans le *chirographum* fait présumer l'existence de la stipulation d'une façon absolue et irréfra-gable ; cela est fort exact, et jusqu'à présent, je suis d'accord avec M. Ortolan. Mais voici où l'accord cesse : quand il n'y a pas eu stipulation, que faut-il voir dans le *chirographum?* Je réponds : Toujours un instrument probatoire, mais cons-tatant une numération de deniers, un *mutuum,* au lieu d'une promesse verbale ; et M. Ortolan : un titre d'obliga-tion fondé sur les *litteræ.* C'est là qu'est l'erreur, erreur qui se comprend jusqu'à un certain point dans l'opinion qui fait des *chirographa,* des contrats littéraux entre pérégrins[4], mais qui est évidente dans la doctrine que j'ai adoptée.

La seule difficulté qui se présente est celle-ci : dans le

1. *Cours de dr. rom.,* II, § 243.
2. *Précis de dr. rom.,* II, 532 *in fine.*
3. *Explic. hist. des Instit.,* II, 1110.
4. Même dans cette opinion, on n'explique pas comment la forme du con-trat *litteris* des pérégrins aurait pu remplacer, entre Romains, le *nomen transcriptitium.*

cas où le créancier muni du *chirographum* agit *ex stipulatione*, le moyen de défense que lui oppose le débiteur et qui
l'oblige à faire la preuve de la numération est très-justement
qualifié d'exception : le débiteur, en effet, a beau n'avoir rien
reçu, les paroles de la stipulation l'obligent et le droit civil ne
permet pas qu'on recherche si la cause qui a déterminé sa
promesse s'est ou non réalisée. Mais dans le cas où le créancier agit *ex mutuo,* où le contrat s'est formé *re*, contester la
numération, c'est défendre au fond ; comment se fait-il que
ce moyen ait conservé dans ce cas comme dans le premier la qualification d'exception ? Nos adversaires pourraient
tirer quelque avantage de cette difficulté que rencontre notre
opinion : admettez en effet, qu'il y ait dans le cas qui nous
occupe un vrai contrat littéral ; c'est, comme dans l'hypo-
thèse d'une stipulation, la forme de l'*exception* que le moyen
du débiteur devra revêtir. — Mais il est assez facile d'expliquer cette qualification dans la doctrine que j'ai adoptée.

Il est fort possible, en effet, que le moyen tiré de la non-
numération ait dû être proposé devant le magistrat et inséré
dans la formule à l'exemple de véritables exceptions.

Cette conjecture ne manque pas de vraisemblance ; évidemment le premier mouvement du débiteur qui n'a rien
reçu sera de contester la remise des espèces, et il n'y a par
conséquent aucun inconvénient à exiger que le moyen soit
produit au début de la procédure. Un débiteur tenu d'une
action de bonne foi et qui se défend par l'exception du dol,
n'a pas besoin d'insérer l'exception de la formule : le silence
de la formule sur l'exception n'empêche pas le juge d'ac-
cueillir, s'il y a lieu, le moyen fondé sur le dol. A l'inverse,
ne peut-il pas se faire qu'un moyen du fond doive être inséré
dans la formule et prenne le caractère d'une exception[1] ?

1. ACCARIAS, *Précis de droit rom.*, II (1878), p. 389, texte et note 1.

Je ne rejette pas cette explication, mais je lui préfère comme plus naturelle celle qu'a donnée M. Gide. Il arrivait, dit-il, que presque toujours les prêts étaient contractés par une stipulation. C'était, en effet, la seule forme qui permit d'exiger des intérêts. Dès lors, la clause de style *spopondit, promisit* s'introduisit dans les *chirographa ;* presque toujours, pour dénier le prêt, c'est à une *exception* qu'il fallut recourir. Ainsi, ce moyen de défense finit par n'être plus désigné que sous le nom d'*exceptio non numeratæ pecuniæ ;* surtout depuis que le terme *exceptio* eut pris un sens beaucoup plus vague, par une conséquence de l'abolition des *formulæ*[1].

1. *Observ.*, p. 42.

# DROIT CONSTITUTIONNEL COMPARÉ

———

## LES DROITS RESPECTIFS DES DEUX CHAMBRES

### EN MATIÈRE DE LOIS DE FINANCES

#### Étudiés dans les Constitutions de l'Angleterre, des États-Unis et de la France

LES

# DROITS RESPECTIFS DES DEUX CHAMBRES

## EN MATIÈRE DE LOIS DE FINANCES

Des discussions récentes ont appelé l'attention sur la question de savoir si, sous le régime de gouvernement parlementaire établi en France le 25 février 1875, le Sénat est en possession du droit d'amender les lois de finances, et dans quelles limites ce droit d'amendement doit lui être reconnu.

Au moment où des chaires de droit constitutionnel vont être créées dans toutes les Facultés de France, il nous a paru intéressant d'étudier cette question au point de vue exclusivement juridique.

C'est cette étude qu'on va lire. Mais nous n'avons pas cru qu'il fallût nous borner à l'examen du principe constitutionnel qui régit la France : nous avons pensé qu'il serait intéressant de présenter l'exposé comparé des solutions adoptées par les deux pays qui, dans l'ancien et le nouveau monde, sont les berceaux de la liberté, et les créateurs du gouvernement du peuple par lui-même : nous voulons dire l'Angleterre et les États-Unis. Nous croyons fermement que la France constitutionnelle, sans abdiquer son génie propre et ses propres tendances, ne doit pas se désintéresser de l'étude de ces deux pays qui la touchent de si près par leurs institutions et leurs mœurs politiques ; l'Angleterre, parce qu'elle est, par excellence, la terre du parlementarisme ; l'Amérique, parce qu'elle est la terre de la démocratie.

Notre entreprise s'est donc élargie ; elle a pris le caractère d'une étude de droit constitutionnel comparé. Nous avons pensé qu'il convenait de lui donner un autre caractère encore : celui d'une étude historique. Les droits respectifs des deux Chambres en matière de lois de finances ne se séparent pas de ce droit primordial, pour les représentants du peuple, de consentir librement l'impôt. Il nous a semblé qu'il était indispensable, avant d'aborder les questions que nous choisissions pour objet de nos recherches, de faire, rapidement et sommairement, l'histoire du *droit du contribuable à consentir sa contribution* aux dépenses publiques, en Angleterre, aux États-Unis, en France.

Nous avons pris pour guide dans ce travail, soit des sources officielles, soit des historiens autorisés. Nous avons eu soin d'analyser les Constitutions des États particuliers de l'Amérique du Nord ; cette étude intéresse plus, en effet, un État unitaire comme la France que l'étude de la Constitution fédérale.

Tel est ce travail, qui s'est divisé naturellement en trois chapitres. En l'écrivant, nous n'avons eu qu'un but : dire ce que nous avions pu apprendre et ce que nous pensions sur *le droit*.

# CHAPITRE PREMIER

## La prérogative de la Chambre des Communes

Comme presque toutes les règles du droit public des peuples libres, la règle constitutionnelle que nous étudions a son origine historique en Angleterre. Le pouvoir exclusif dont la Chambre des Communes jouit aujourd'hui en matière de lois de finance est le fruit d'une longue série de luttes contre la Couronne et la Chambre des Lords. L'histoire de ces luttes est liée d'une façon intime à l'histoire générale des origines du parlementarisme en Angleterre; un coup d'œil sur cette histoire générale ne sera donc pas inutile au début de ce chapitre.

I

On éprouve plus d'étonnement que d'admiration au premier aspect de la Constitution anglaise. Les éléments les plus contraires semblent s'y être combinés ; une étrange antithèse apparaît en même temps entre le fait réel et la fiction légale.

A côté du *Self-government* le plus complet, le pouvoir royal subsiste entouré de la vénération de tous; dans la constitution même de ce pouvoir s'allient et se fondent les deux principes de l'hérédité et de l'élection; l'aristocratie la plus illustre et la plus intelligente qui fût jamais conserve une légitime et grande influence à côté d'une démocratie riche et laborieuse; elle s'ouvre[1] aux plus éminents enfants de cette dernière, et ils sont plus fiers de cette adoption que du passé le plus glorieux. Le cabinet gouverne, et la loi l'ignore; les progrès qui viennent à l'instant d'être réalisés dans le sens libéral semblent des retours aux origines, au régime d'un passé, respecté par tous, par tous invoqué, et qui contient les seuls titres dont un Anglais se réclame volontiers : les *précédents !* ces précédents, l'âme de la loi anglaise dans sa plus haute manifestation — la vie politique — comme dans ses manifestations les plus insignifiantes — le procès d'un particulier.

Dans cette complexité on découvre cependant une lente et logique évolution du principe libéral et démocratique. Après une première et courte floraison[2] à une époque lointaine de notre civilisation moderne, ce principe, souvent contrarié, tend à porter aujourd'hui ses fruits définitifs. Là est ce qui est impérissable dans cette Constitution qui a dix siècles. Les penseurs de l'Angleterre contemporaine entrevoient le moment où, dégagé des entraves que l'histoire a apportées à son libre et logique développement, ce principe démocratique se réalisera dans son type idéal. Il se manifeste à nous aujourd'hui dans un type historique dont les linéaments enchevêtrés et la physionomie souvent bizarre s'expliquent par la nature de l'esprit anglais ; cet esprit, d'où l'idée révolutionnaire est pour ainsi dire absente, qui, moins systématique

1. Macaulay, *Histoire d'Angleterre depuis l'avénement de Jacques II*, traduction par le vicomte Jules de Peyronnet. 2ᵉ édition, t. I, p. 35 : « Notre démocratie fut de tout temps la plus aristocratique, et notre aristocratie la plus démocratique du monde : singularité qui existe encore de nos jours, et qui a produit de grands résultats moraux et politiques. »

2. Voyez le premier chapitre du petit livre de M. Freeman : *le Développement de la Constitution anglaise depuis les temps les plus reculés jusqu'à nos jours*. Traduit par M. Alexandre Dehaye.

que pratique, est moins préoccupé d'idées générales que de
faits particuliers, moins amoureux de constructions logiques
que de bienfaits réels, moins épris de l'idéal et de son avène-
ment, qu'appliqué à l'actuel et à son amélioration. Mais au
milieu des transformations de l'édifice constitutionnel anglais
demeurent, comme des assises monumentales, inébranlables
pour le temps, ces principes de liberté qui se sont appelés
tour à tour dans l'histoire les lois d'Alfred le Grand, les
statuts du bon roi Édouard, la grande Charte, la pétition,
la déclaration des droits; lois, statuts, actes du Parlement
sont comme des édifices légers adossés à ces piliers énormes pour la commodité d'habitants d'un jour.

C'était la coutume immémoriale des peuplades germani-
ques qui s'établirent en Angleterre de tenir à certains jours
des réunions où tous les hommes libres étaient appelés à
délibérer sur les intérêts communs. Le droit pour l'homme
libre de se rendre au *Witenagemot*[1] et d'y voter ne fut jamais
supprimé: en fait, la plupart des citoyens ne pouvaient et
même ne songeaient pas à exercer ce droit; « des hommes
« riches avaient seuls le moyen de s'y rendre et des hommes
« de quelque importance la tentation d'y aller[2]. » L'Assemblée
était donc composée d'habitude d'un petit nombre de person-
nages: comtes, évêques, abbés, officiers de la cour du roi.

Parfois cependant elle présentait un caractère plus démocratique; quand un grand intérêt excitait la nation, on
voyait se mettre en route des hommes de toute condition;
quand l'Assemblée se tenait dans une ville, les habitants
formaient un élément populaire tout prêt[3]. Aussi le *Wite-*

1. FREEMAN, *libr. cit.* p. 63.
2. *Ibid.*
3. On trouve, par ex., la mention que les citoyens de Londres, ou ceux de
Winchester, assistaient à l'Assemblée. FREEMAN, *loc. cit.*

*nagemot* nous est-il représenté dans les documents tantôt comme un corps aristocratique, tantôt comme un corps démocratique. Démocratique, il l'était toujours en théorie, et quelquefois en fait par suite d'une puissante impulsion populaire; en général, c'est aristocratique qu'il était. Il n'était point représentatif : ses actes pouvaient être appelés ceux du peuple entier.

Ce corps aujourd'hui, c'est la Chambre des Lords. Comme le fait remarquer M. Freeman, « la Chambre des Lords « ne dérive pas du Witenagemot; c'est le Witenagemot lui-« même[1]. » Insensiblement, le caractère héréditaire s'y introduisit : les comtes, les évêques ne cessant pas de se rendre à l'Assemblée annuelle, la Couronne se borna à envoyer des convocations à d'autres hommes libres, selon son bon plaisir. Ces convocations ne tardèrent pas à être considérées comme conférant un droit, et, finalement, un droit héréditaire. L'histoire fit donc de cette grande assemblée ouverte à tous les hommes libres une assemblée fermée et héréditaire, à laquelle la Couronne peut appeler tout citoyen quand elle le juge à propos, et où siégent de plein droit les représentants de quiconque elle y a une fois convoqué. Sans rien perdre de son autorité et de son prestige, la Chambre des Lords a vu de bonne heure décroître l'importance de son rôle actif; elle a été successivement, dans l'histoire politique de l'Angleterre, une Chambre dirigeante, respectueusement suivie par sa sœur cadette, la Chambre des Communes; puis une Chambre de *directeurs*, suivant l'expression très-juste de M. Bagehot[2], tenant presque tout son pouvoir de l'influence que ses membres exerçaient individuellement au

1. Page 67.
2. *La Constitution anglaise*, traduction de M. GAILLARD, page 150.

sein des communes, pour devenir enfin, surtout depuis l'acte de réforme [1], une Chambre de révision, jouissant d'une autorité suspensive; utile surtout, à tout prendre, « par son côté « imposant [2] », comme le dit un peu irrévérencieusement le même auteur.

Sous le règne de Jean et dans la première partie de celui d'Henri III, le roi convoqua à plusieurs reprises à son Parlement des chevaliers des différents comtés [3]. C'était le premier pas dans la voie de la *représentation* populaire et ce principe nouveau s'introduisit sans qu'on eût conscience de son importance, sans qu'on pût prévoir sa prodigieuse fortune. La pratique de la représentation fut empruntée aux cours de justice [4] : il était d'usage, dans les procès, dans les enquêtes, que quelques hommes libres vinssent jurer pour le comté ou pour la centurie. — Ces chevaliers de comté firent naturellement partie de la seule assemblée qui existât alors : c'est en eux qu'on trouve l'origine de la Chambre des Communes.

Le principe représentatif, d'abord appliqué aux comtés, fut étendu, en effet, aux bourgs et aux cités du royaume. Après la bataille de Lewes, le comte de Leicester, Simon de Montfort, convoqua, au Parlement de 1265 [5] :

1° Deux chevaliers de chaque comté;

2° Deux citoyens de chaque cité et deux bourgeois de chaque bourg, et depuis le règne d'Édouard I", le Parlement

1. L'acte de réforme, voté en 1832, retira le droit d'élection à tous les bourgs au-dessous de 2,000 âmes. D'après le recensement de 1831, cinquante-six bourgs pourris furent ainsi écartés. Les sièges vacants furent répartis entre des bourgs non représentés jusque-là : parmi eux se trouvaient Birmingham et Manchester. La représentation des comtés fut en général augmentée.

2. BAGEHOT, *la Constitution anglaise*, page 140.

3. Voyez FREEMAN, pages 89 et suivantes.

4. Ibid.

5. FREEMAN, page 92.

comprit régulièrement des députés des comtés, des cités et des bourgs[1]. Dans la première moitié du XIVe siècle, cet élément nouveau se constitua en corps séparé et devint la Chambre des Communes[2].

La Couronne avait poursuivi surtout un but fiscal en procédant à cette création[3] : la première période de l'histoire des Communes se ressent de cette pensée. Dans ce droit de nommer des représentants, les villes voyaient souvent moins un privilége qu'une charge et Édouard III put un jour sans soulever d'opposition nommer les députés lui-même[4]. Ils se séparaient en général après avoir voté les subsides demandés par la Couronne et n'avaient tout d'abord sur la législation et le gouvernement qu'une influence très-restreinte.

Bien longtemps d'ailleurs, les Communes gardèrent vis-à-vis de la royauté et des lords une attitude humblement respectueuse sur toutes les questions de politique pure. Ici, les exemples abondent. C'est Richard II qui, le 2 février 1397, se plaint, dans un message à la Chambre des Lords, de l'immixtion des Communes dans des affaires qui ne sont point de leur ressort, comme, par exemple, ses droits régaliens, ses biens, sa liberté d'action ; le *speaker* est invité à désigner les auteurs des motions coupables et les Communes s'empressent de faire à la Couronne et aux Pairs leurs humbles excuses, reconnaissant qu'en effet ces sortes de choses ne sont point de leur sphère[5]. C'est, en 1571, le chancelier Bacon qui

---

1. Voyez FISCHEL, *la Constitution d'Angleterre*, traduction sur la 2e édition allemande, par Ch. VOGEL, t. I, p. 13.

2. *Ibid.*

3. FREEMAN, *loc. cit.*

4. FISCHEL et VOGEL, t. II, p. 182.

5. Sir Thomas Haney fut désigné comme étant le coupable ; condamné à mort comme traître, il dut sa grâce à l'intervention des lords spirituels. — Voyez FISCHEL et VOGEL, t. II, p. 187.

avertit les Communes de n'avoir point à se mêler de certaines affaires de l'État [1]. En 1593, répondant au *speaker* qui demande respectueusement de pouvoir s'expliquer avec une entière franchise, Élisabeth déclare « que la liberté de la « parole consiste à dire oui ou non [2] ». On conçoit, d'ailleurs, que l'importance du Parlement se soit un peu effacée devant des figures historiques comme Henri VIII ou Élisabeth. « Le mot de liberté, dit Motley, ne sonna jamais comme « de la musique aux oreilles des Tudors [3] ».

Et cependant, il est un point sur lequel, devant le pouvoir le plus fort, les Communes ne se courbèrent jamais aux volontés de la Couronne ; toujours elles surent maintenir, avec une admirable ténacité, leur droit de consentir les taxes. C'était à la Couronne demandant des subsides de se faire humble à son tour. Cette question des taxes était la grande préoccupation de la Chambre populaire :

« Voilà, dit Shakespeare, ce qui remue les Communes ; le « secret de leur attachement est dans leurs bourses, et qui « les vide remplit d'autant leurs cœurs d'une haine mortelle, « et leur bouche, de malédictions pour le roi. [4] » C'était aussi un formidable instrument entre ses mains ; constamment elle s'en servit pour le développement des libertés publiques et l'accroissement de son influence dans le gouvernement. On peut le dire sans beaucoup d'exagération : le parlementarisme a pour fondement historique le droit des Communes à consentir l'impôt.

1. Fischel et Vogel, p. 791.
2. Ibid.
3. Histoire des Pays-Bas, t. II, p. 107.
4. Richard II.

## II

La grande Charte[1] sanctionnait ce principe que le peuple anglais ne devait à la Couronne que les taxes librement consenties par le Parlement ; déjà, à cette lointaine époque on ne voyait dans cette loi fondamentale qu'une règle sanctionnée antérieurement par Édouard le Confesseur. Lors de la séparation du Parlement en deux Chambres, les Lords continuèrent à se taxer eux-mêmes : la Chambre des Communes[2] fut appelée à consentir les taxes qui devaient peser sur la population. Qu'elle sut maintenir rigoureusement son droit contre les entreprises de la Couronne, c'est ce que les faits historiques viennent surabondamment démontrer.

En 1237, les députés des comtés, cités et bourgs, refusèrent nettement au roi[3] les subsides extraordinaires qu'il sollicitait, alléguant, pour justifier sa demande, les dépenses occasionnées par le mariage de sa fille. « Vous ne nous avez « pas consultés sur ce mariage, dirent-ils ; nous ne saurions « donc avoir à pâtir de votre faute.[4] » En 1244, même refus catégorique[5]. Et la royauté courait un grave péril quand elle se permettait, même sous la pression d'une nécessité impérieuse, de lever quelque impôt non consenti par le Parlement : Édouard Iᵉʳ, en 1295, en fit l'expérience. Tout puissant, tout populaire qu'il était, il dut céder devant l'opposition qu'il ren-

1. Accordée par Jean-sans-Terre, le 16 juin 1215, dans l'Assemblée de Runingsmead.
2. *Report from the select committee on Tax bills.*
3. Henri III.
4. Fischel et Vogel, v. p. 179.
5. *Ibid.* Le roi, pour faire face aux besoins de la Couronne, extorqua 1,500 marcs d'argent à la ville de Londres.

contra et de nouveau il fut stipulé de lui, en termes exprès, que ni lui, ni ses héritiers, ne lèveraient aucune taxe sans le consentement des États du royaume. « *Nullum tallagium vel* « *auxilium per nos vel heredes nostros in regno nostro po-* « *natur seu levetur sine voluntate et assensu archiepiscopo-* « *rum, episcoporum, comitatum, baronum, militum, burgen-* « *sium et aliorum liberorum....... de regno nostro.* [1] » Il est vrai qu'Édouard III put lever des impôts avec le seul consentement des lords et des députés de quelques cités [2]; il est vrai encore qu'en 1347, les lords accordèrent les subsides demandés par la Couronne sans qu'on prît la peine de consulter les Communes : ce sont là des faits exceptionnels. Richard II n'essaya pas comme son prédécesseur de violer le principe constitutionnel; pour obtenir des subsides, il dut rendre compte des fonds mis précédemment à sa disposition. Et le 22 octobre 1378, les Communes acquiesçaient aux demandes d'argent de la Couronne, en se déclarant satisfaites de cette façon d'agir : « aussi honorable pour le roi que pro- « fitable pour le royaume » [3]. Elles venaient d'inaugurer leur mission de contrôle.

De guerre lasse, les Plantagenets abandonnèrent la lutte; dans les moments de pénurie, ils préférèrent avoir recours à des emprunts forcés, ou encore, au système des dons gracieux, demandés à leurs bonnes villes sur un ton qui ne comportait guère d'objection [4]. C'était tourner le principe, mais aussi en reconnaître l'autorité. La maison de Lancastre ne chercha pas à le renverser : en 1400, nous voyons les Com-

---

1. Ce texte est rapporté par Fischel et Vogel, t. II, p. 181, note 1, avec cette remarque, que l'authenticité n'en est pas absolument certaine.

2. Fischel et Vogel, t. II, p. 152.

3. *Ibid.*, p. 185.

4. Macaulay, t. I, p. 28.

munes faire dépendre le vote de l'impôt du redressement d'une série de griefs[1].

La lutte des Communes pour le maintien de leur droit reprit avec une intensité nouvelle à l'avénement des Tudors; son dénouement fit éclater l'impuissance du pouvoir royal à ébranler une règle constitutionnelle dès longtemps entrée dans le tempérament de la nation. Comme le fait observer Macaulay[2], Henri VIII put, sans soulever l'opinion, envoyer à l'échafaud Buckingham et Surrey, Anne Boleyn et lady Salisbury; quand il tenta d'imposer à ses sujets, sans le consentement du Parlement, une taxe d'un sixième de leurs biens, l'émeute éclata à Londres. Le peuple soulevé criait : « Nous sommes Anglais et non Français, hommes libres et « non esclaves! » Dans le comté de Kent, les commissaires royaux purent à grand'peine s'échapper la vie sauve; dans le comté de Suffolk, 4,000 hommes furent bientôt en armes pour résister à l'édit, et les lieutenants du roi ne réussirent pas à lever des troupes contre eux. Henri VIII retira l'édit, amnistia les insurgés, et fit solennellement amende honorable, reconnaissant avoir violé une loi obligatoire pour le roi d'Angleterre. Plus d'une fois, par la suite, la Chambre des Communes lui marchanda l'argent qu'il demandait; Élisabeth rencontra la même résistance. En 1566, comme le contrôleur de la maison royale motivait une demande de subsides extraordinaires sur l'épuisement où était le Trésor par suite des dernières guerres, un membre fit observer qu'on n'avait pas conseillé ces guerres à Sa Majesté; que le meilleur, avant de consentir de nouvelles taxes, serait de se faire présenter les comptes des dépenses antérieures pour

1. FISCHEL et VOGEL, t. II, p. 182.
2. T. I, p. 36.

vérifier l'emploi de l'argent. La discussion fut vive et dura
plusieurs jours ; finalement les Communes déclarèrent qu'elles
avaient reçu de leurs commettants la très-expresse recom-
mandation de ne rien accorder qu'on n'eût réglé la question du mariage de la reine et de la succession au trône.
« Nous vous requérons, disaient-elles à l'un des conseillers
« privés de la Couronne, de porter à la connaissance de Sa
« Majesté, notre intention conforme à la ligne de conduite
« qui nous a été tracée par tous les sujets du royaume que
« nous représentons. Nous demandons aussi un acte ou cer-
« tificat attestant la production de ce grief pour montrer à
« nos villes et comtés respectifs que nous avons fait notre
« devoir [1]. »

Le moment le plus critique qu'aient à traverser les libertés publiques d'un peuple est celui où s'introduit chez lui
l'institution d'une force armée permanente. C'est surtout à ce
moment que la puissance financière des Assemblées est leur
sauvegarde ; celles-là seules qui peuvent la retenir conservent
à leur pays le bienfait d'un gouvernement libre. Seul, de
toutes les Assemblées européennes, le Parlement anglais a
su résister avec succès aux entreprises de la Couronne ; seul,
il a su affirmer son droit de consentir l'impôt et refuser à la
royauté toute taxe qui aurait permis l'organisation d'une
force militaire permanente jusqu'au moment où le pouvoir
royal, vaincu, ait été obligé de donner contre toute tentative
de gouvernement absolu les plus complètes garanties [2].

Aussi trouve-t-on cette question du droit de consentir
l'impôt à chaque page de l'histoire d'Angleterre, pendant

1. Fischel rapporte sur cet épisode parlementaire une intéressante dé-
pêche de l'ambassadeur de France, Lamothe-Fénelon, en date du 27 octobre
1566. Voy. t. II, p. 192.

2. Voy. sur ce point Macaulay, t. I, p. 38 et suiv.

cette longue période de troubles religieux et politiques qui comprend le règne de Charles Ier, le long Parlement, le régime militaire que l'ascendant de Cromwell réussit à imposer pendant quelque temps à un peuple amoureux de toutes les libertés; enfin les règnes des deux derniers Stuarts, Charles II et Jacques II[1].

En 1625, Charles Ier montait sur le trône : l'Angleterre s'engageait dans une guerre qui demandait de grands efforts. Le roi convoqua le Parlement pour solliciter de lui les subsides nécessaires à l'entretien d'une armée considérable : l'opposition fut vive et les Communes ne cédèrent que dans la plus étroite mesure aux exigences de la Couronne[2]. Charles fit acte de roi absolu : il prononça la dissolution du Parlement et leva les taxes de sa seule autorité. Un nouveau Parlement, bientôt convoqué, se montra plus intraitable encore. Le roi, s'engageant de plus en plus dans la voie du pouvoir personnel, fit jeter à la Tour les chefs de l'opposition; mais à cette Assemblée, dissoute à son tour, une troisième succéda aussi inflexible. Charles faiblit un instant : il accepta la *pétition des droits* — la seconde grande Charte de l'Angleterre — qui, comme la première, consacrait le droit exclusif du Parlement à consentir les taxes publiques. Trois semaines après, le Parlement était de nouveau prorogé et les chefs de l'opposition emprisonnés de nouveau. C'était en mars 1629[3].

Une longue période d'arbitraire royal suivit ce coup de

1. « Il est heureux pour notre pays, » observe à ce propos MACAULAY, « que « lorsqu'il fut pour la dernière fois soumis au pouvoir de l'épée, cette épée « ne fut pas dans les mains d'un prince légitime, mais dans celles de rebelles « qui tuèrent le roi et renversèrent l'Église. » T. I, p. 138.

2. Voy. MACAULAY, t. I, p. 71 et suiv.

3. *Ibid.*

force. Les instruments terribles de ce despotisme, la Chambre étoilée, la Haute Commission et le Conseil d'York[1], ne pouvaient cependant donner à la Couronne l'appui et la sécurité qu'elle aurait trouvés dans une armée dévouée à la personne du roi. Ainsi, revenait, plus pressante que jamais, cette question financière que légalement la Couronne ne pouvait résoudre qu'avec le concours des Communes. Un expédient fut proposé par quelques légistes[2].

Les rois d'Angleterre pouvaient, de leur propre autorité, procéder à des levées de troupes sur les frontières d'Écosse pour la défense du royaume. De même, les populations côtières étaient tenues au service maritime au cas où un danger subit menacerait les rivages anglais. Ces deux obligations s'étaient insensiblement transformées en redevances ; la dernière était connue sous le nom de *ship-money*. Un édit du roi parut qui frappa du double impôt le pays tout entier. La nation fut exaspérée ; la résistance s'organisa : une décision de la Cour de l'Échiquier appelée à se prononcer sur la légalité de la taxe, donna gain de cause à la Couronne[3] : l'opposition devint formidable.

La royauté courait cependant un immense péril ; l'Écosse était en révolte ouverte et repoussait, les armes à la main, l'introduction dans le rituel national de la liturgie anglicane ; les troupes royales étaient impuissantes à réprimer l'insurrection. Établir, sans le concours d'un Parlement, des taxes nouvelles, c'était joindre aux périls extérieurs celui d'une révolution. En avril 1640, le Parlement fut convoqué, puis

1. La Chambre étoilée, était une inquisition politique ; la Haute Commission, une inquisition religieuse. Le Conseil d'York réunissait les attributions de ces deux cours au delà de la Trent.

2. Notamment, par Finch, alors garde des sceaux.

3. Procès de John Hampden. Voy. MACAULAY, t. I, p. 81.

dissous à la première preuve qu'il donna de son indépendance. Le long Parlement lui succéda en novembre[1]; il était convoqué sous la pression des circonstances : les Écossais avaient passé la Tweed et la Tyne et campaient sur les confins du comté d'York; les Pairs, réunis en Grand Conseil pour consentir les subsides nécessaires, avaient rejeté la responsabilité d'une conduite aussi inconstitutionnelle[2]. Le Parlement reprit ses siéges à Westminster : son retour était le triomphe de son droit. On sait la dernière bataille que lui livra la royauté et quel fut le dénouement de la lutte.

La restauration n'amoindrit en rien la prérogative parlementaire. Comme Charles I", Charles II eut à compter avec elle plus d'une fois. En 1675, les Communes lui refusèrent les subsides qu'il sollicitait pour rembourser les anticipations faites sur son revenu; en 1677, elles rejetèrent toutes demandes de subsides jusqu'au moment où Sa Majesté aurait fait connaître ses alliances; en 1678, elles repoussèrent absolument une demande de revenus additionnels[3]. Jacques II vit, en 1685, ses demandes d'argent, montant à 1,400,000 livres sterling, réduites de moitié par les Communes[4]. Elles tendaient de plus en plus à étendre leur contrôle sur le gouvernement entier, même sur la politique étrangère de la Couronne : toujours animées, d'ailleurs, vis-à-vis de l'armée, d'une méfiance qui fait honneur à leur sens politique, elles ne vo-

1. « Ce fameux parlement », dit MACAULAY, « qui malgré bien des fautes et « bien des revers, a de justes droits au respect et à la reconnaissance de tous « ceux qui dans le monde entier, jouissent des bienfaits d'un gouvernement « constitutionnel. » T. I, p. 86.

2. *Ibid.*

3. ERSKINE MAY, *Histoire constitutionnelle de l'Angleterre, depuis l'avénement de Georges III*, traduite par M. Cornélis de Witt, t. I, p. 555, note 1.

4. *Ibid.*

laient que pour un an le *mutiny bill*[1]! Guillaume d'Orange
éprouva à son tour les effets de cette aversion contre toute
armée permanente : en 1695, les Communes exigèrent une
réduction dans l'effectif; de même en 1698[2].

Et, cependant, 1688 avait été la victoire définitive du parlementarisme et une dernière fois, la déclaration des droits
(février 1689) avait consacré la puissance financière du Parlement.

Son droit, depuis cette époque, n'a plus été contesté ;
depuis cette époque aussi, les Communes ont cessé, en général, de chercher à plier le pouvoir exécutif à leurs volontés
en refusant ou en ajournant le vote des lois de finances. La
pratique du régime parlementaire était plus sincèrement
acceptée par la Couronne; le contrôle du Parlement sur les
différents services publics, rendu plus efficace par l'habitude
— nouvelle[3] — de n'accorder d'allocations que sur présentation, par le ministre des finances[4], et sous sa responsabilité, d'un budget des dépenses de l'année, prévenait toute
tentative d'usurpation de la part du Gouvernement; enfin, le
développement rapide de la richesse nationale rendait péril-
leux un vote qui aurait compromis le crédit même du pays.
Aussi, dans toute l'histoire parlementaire anglaise n'existe-t-
il depuis 1688, que deux faits qui viennent démontrer que
la Chambre des Communes ne s'est pas départie de l'arme

1. Le *mutiny bill* est la loi sur l'obéissance de l'armée.
2. *Ibid.*, note 2.
3. *Ibid.*, p. 554 et 555.
4. Le ministre des finances est *le second lord de la Trésorerie, chancelier
de l'Échiquier*, toujours membre de la Chambre des Communes. — L'office
de chancelier de l'Échiquier n'a été séparé que récemment de celui de *premier
lord de la Trésorerie*, auquel il s'est encore trouvé réuni en 1844. Le chancelier ne siège d'ailleurs plus qu'une fois par an à la Cour de l'Échiquier:
c'est lors de la nomination du shériff. Quant au premier lord de la Trésorerie,
c'est aujourd'hui le chef du cabinet.

que lui met en main contre le pouvoir exécutif son droit de consentir l'impôt.

Le 30 novembre 1781, M. Thomas Pitt proposa à la Chambre de retarder le vote des lois de finances présentées par le Gouvernement, pour obtenir de lord North des engagements formels au sujet de la guerre d'Amérique. Il fut constaté dans la discussion que c'était la première proposition de ce genre qui fût faite depuis la Révolution, et la Chambre, tout en proclamant son droit, ne crut pas opportun de l'exercer. A une grande majorité, il fut décidé qu'elle se formerait en comité des subsides[1].

En 1784, la lutte fut plus sérieuse. Pitt venait d'entrer au ministère comme premier lord de la Trésorerie et chancelier de l'Échiquier. Il trouvait en face de lui, dans la Chambre des Communes, une majorité redoutable qui se crut aussitôt menacée d'une dissolution : pour la prévenir, elle ajourna le vote des subsides et accabla le roi de représentations sur le choix de ses ministres. Fox conduisit cette campagne de l'opposition avec une vigueur qui n'échoua que devant la ténacité de son adversaire.

Le 19 décembre 1783, la Chambre ajournait de deux jours la troisième lecture d'un bill sur l'impôt foncier, « pour ne « pas le laisser sortir de nos mains, disait Fox, avant d'avoir « avisé aux mesures à prendre pour se mettre en garde con-« tre les maux qu'on pouvait attendre d'une dissolution ». Le 22, une adresse était votée à la Couronne ; les Communes y représentaient le danger d'une dissolution dans l'état critique des affaires. Après les vacances parlementaires de Noël, la même tactique est reprise avec une énergie croissante : le 12 janvier, la Chambre déclare qu'il y a crime à

---

1. ERSKINE MAY, t. I, p. 558. — Cette même année 1781, une proposition analogue fut faite à la Chambre des Lords par lord Rockingham, puis retirée.

employer, après une dissolution ou une prorogation du Parlement, des fonds que le Parlement n'a pas affectés à un service déterminé ; dans la nuit, deux résolutions sont votées, déclarant que les ministres n'ont pas la confiance de la Chambre. — Une résolution semblable est adoptée le 14 janvier : « Le maintien des ministres actuels est contraire aux principes constitutionnels. » Ces déclarations sont renouvelées le 2 février[1].

Le ministère se dérobait : le roi gardait le silence. La Chambre frappa de nouveaux coups. Les Lords venaient de voter une résolution favorable au ministère ; elle répondit en affirmant son droit de donner son avis sur l'exercice de tout pouvoir discrétionnaire, surtout en ce qui touche aux deniers publics. Le 10 février, fut déposé le rapport sur le budget de l'artillerie : Fox observa que les Communes ne pouvaient voter aucun subside avant d'être fixées sur la réponse que le roi avait l'intention de faire à leurs résolutions touchant le cabinet. Pitt s'engagea à faire connaître à la Chambre les intentions du roi. Il gagnait du temps : le 18, sûr déjà d'avoir la victoire, il prévint les Communes « que Sa Majesté n'avait « pas encore trouvé bon de renvoyer ses ministres ». C'était un défi, mais les influences multiples que les Lords exerçaient sur les membres des Communes se faisaient sentir ; la Chambre se borna le 20 février à renouveler ses représentations ; le 8 mars, une dernière résolution dans ce sens ne passa qu'à une voix de majorité. Le ministère triomphait ; les subsides furent votés, le Parlement prorogé, puis dissous[2].

Une remarque doit être faite ici qui a son importance. Si, pour être légalement perçu, un impôt doit être consenti

<hr>

1. ERSKINE MAY, p. 81 et suiv.
2. *Ibid.*, p. 81.

par le Parlement, le droit de proposition appartient à la Couronne seule. Les Chambres n'ont pas en cette matière de véritable initiative : nul membre des Communes ou de la Chambre des Pairs ne peut proposer de motion de ce genre, sinon sous forme de proposition d'adresse à la Couronne; nul citoyen ne peut faire de l'établissement d'un impôt l'objet d'une pétition. Ces points de droit constitutionnel ont été fixés définitivement, le premier en 1821, le second en 1700 et 1713.

Le 22 février 1821[1], il fut résolu par la Chambre des Communes que les motions d'adresse à la Couronne devaient, en matière de finances, procéder de la Chambre entière réunie en comité. C'était, en réglant une question de procédure, confirmer la prérogative dont jouit la Couronne en matière de proposition d'impôt.

Une résolution du 11 février 1700, confirmée par un *Standing order* du 11 juin 1713[2], déclara qu'à l'avenir aucune pétition tendant à un vote de fonds, à l'ouverture d'un crédit, à l'établissement d'un impôt ne serait admise si elle n'était présentée à la Chambre sous le patronage du Gouvernement.

Il est facile de déterminer à quelles idées se rattachent ces solutions. En vertu de la fiction légale, les subsides annuellement votés par le Parlement conservent, comme au temps des Plantagenets, en plein xix$^e$ siècle, le caractère de « dons « et de libéralités ». L'impôt est moins l'acquittement d'une dette de chaque citoyen envers l'État qu'une concession gracieuse, et aujourd'hui encore c'est par cette antique formale que la reine signifie au Parlement l'approbation d'une loi de

---

1. Fischel et Vogel, t. II, p. 318.
2. *Ibid.* — Erskine May. t. I, p. 559.

finance : « La reyne remercie ses loyals sujects, accepte leur
« bénévolence et ainsi le veult [1]. »

Toutefois, il serait puéril de chercher uniquement dans
la tradition historique et les origines de l'impôt en Angleterre la raison d'être de ce droit d'initiative que la Couronne
a conservé. L'esprit anglais est très-conservateur, mais plus
encore utilitaire, et M. Bagehot nous explique fort bien pourquoi le pouvoir si envahissant du Parlement, et en particulier de la Chambre des Communes, s'est ici arrêté devant la
prérogative du Gouvernement ; c'est, nous dit-il, que cette
prérogative « est aussi utile au XIXe siècle qu'au XIVe et
« qu'elle a autant de raison d'être. La Chambre des Communes
« qui, maintenant, est le vrai souverain et qui nomme le
« pouvoir exécutif, a depuis longtemps cessé d'être cette
« assemblée très-regardante en fait d'épargnes et d'écono-
« mies qu'elle était autrefois. Aujourd'hui, elle est plus dis-
« posée à dépenser les fonds de l'État que le ministre en
« place [2]. » Suit un tableau très-humoristique de la façon
dont une demande de crédit est accueillie et discutée à
la Chambre, et l'auteur conclut en disant : « En vérité, s'il
« n'y avait pas quelque frein à ce gaspillage, les représen-
« tants du peuple ruineraient bientôt le peuple. Ce frein se
« trouve dans la responsabilité du cabinet en matière de
« finances [3]. »

On l'a remarqué sans doute : dans ce court passage, c'est
la Chambre des Communes seule qui est nommée. On l'a
remarqué aussi : dans cette histoire des luttes du Parlement
maintenant contre la Couronne son droit de consentir l'impôt, c'est à chaque exemple, le nom des Communes qui re-

1. Fischel et Vogel, t. II, p. 318.
2. *La Constitution anglaise*, p. 203 et 204.
3. P. 205.

vient; ce sont-elles qu'on aperçoit au premier plan, combattant toujours, à côté d'une Chambre Haute parfois bien complaisante pour le pouvoir royal. Au cours même de la lutte, le fait, c'est-à-dire la prépondérance réelle de la Chambre des Communes dans les questions financières, devient le droit, c'est-à-dire une prérogative constitutionnelle, qui confère aux Communes seules le pouvoir de consentir l'impôt, d'en déterminer l'assiette, la quotité, la durée, le mode de recouvrement d'une façon souveraine, à l'abri de tout amendement de la Haute Chambre.

### III

Le premier acte parlementaire qui vient établir ce droit exclusif des Communes est de la neuvième année du règne de Henri IV (1407). Il nous a été rapporté dans les *rôles* du Parlement en ces termes[1] :

« *Item*, Vendredy, le second jour de decembre qe feust le
« darrein jour du Parlement, les communes viendrent de-
« vaunt le Roy et les Seigneurs en Parlement, et illeosqes
« par mandement du Roy une cedule de indempnité sur
« certain altercation moeve par entre les Seigneurs et les
« communes feust lue; et sur commande feust par notre
« seigneur soveraigne esteant en la chambre du counseil
« deins l'abbaïe de Gloucestre, y esteantz en sa presence les
« Seigneurs Espirituelx et Temporelx a cest present Parle-
« ment assemblez, communez estoit entre eux de l'estate
« du Roialme, et la defence d'icelle pur resister la malice
« des Esnemyes, qi de chescun coust soi appartient, de
« grever mesme le Roialme et les foialz subgitz d'icell, et

1. Voy. *Report from the select committee on Tax bills*, 29 juin 1860.

« qe homme ne poet resistre à ycell malice, sinon qe pur la
« saufe-garde et defence de son dit Roialme, notre soverein
« seigneur le Roy suis dit ait en cest present Parlement
« ascune notable Aide et subsidie a luy grauntez. Et sur ce
« des suis ditz seigneurs demandez feust par voie de ques-
« tion, Quele aide purroit suffisre et seroit busoignable en ce
« cas? A laquell demande et question feust par mesmes les
« seigneurs severalement responduz qe considerce la neces-
« site du Roy d'une parte et la poverte de soun poeple d'au-
« tre parte, meindre aide suffisre ne purroit, qe d'avoir une
« disme et demy des citees et burghs, et une quinzisme et
« demy des autres laies gentz. Et outre, de graunter pro-
« rogation du subsidie des lains, quirs et pealx lanutz, et de
« trois souldz de touell, et dusze deniers de la livre de le fest
« de seint Michell proschein venaunt tan que à la fest de seint
« Michell en deux ans lors proschein ensuantz. Sur quoy, par
« commandement du Roy notre dit seigneur feust envoiez
« au commune de cest present Parlement, de faire venir
« devaunt mesme notre seigneur le Roy, et lesditz seigneurs
« ascune certein noumbre des persones de leur compaignie,
« pur oier et reporter a lour compaignons ce q'ils aueroient
« en commandement de notre seigneur le Roy suis dit. Et
« sur ce les ditz communes envoierent à la presence du Roy
« notre dit seigneur et des ditz seigneurs dusze de lour
« compaignons, as queux par commandement de mesme
« celuy notre seigneur le Roy feust declare la question suis
« dite et la responce des suis ditz seigneurs a ycelle seve-
« ralement donée. Quele responce la volonté d'icelui notre
« seigneur le Roy estoit qu'ils ferroient reporter a les autres
« de lour compaignons; anfin q'ils soy vorroient prendre
« le pluis près pur lour conformer à l'entent des seigneurs
« avaunt ditz. Quele report einsi fait as ditz communes,
« ils en furent grandement destourbez, en disant et affer-
« mant ce estre en grant prejudice et derogation de lour

« libertees; et depuis qo notre dit seigneur le Roy ce avoit
« entendus nient veullant qo riens soit fait a present, n'en
« temps advener, quo tournir purroit ascunement encontre
« la libertee de l'Estate, pur quelle ils sont venuz au Parle-
« ment, n'encountre les libertees de les Seigneurs suis ditz,
« voet et graunte et declare, de l'advis et assent de mes-
« mes les seigneurs, en la manere q'enseute. C'est assaver,
« qe bien lise as seigneurs de comuner entre eux ensem-
« ble en cest present Parlement et en chescun autre en
« temps advener, en absence du Roy, de l'Estate du Roialme,
« et de le remedie a ce busoignable. Et qo par semblable
« manere bien lise as communes, de lour part, de comuner
« ensemble de l'estate et remedie suis ditz. Purveux toutes-
« foitz, qo les seigneurs de lour part, ne les communes de
« la leur, ne facent ascun report a notre dit seigneur le
« Roy d'ascun grant par les communes grantez et par les
« seigneurs assentuz, ne de les communications dudit Graunt
« avaunt ce qo mesmes les seigneurs et communes soient
« d'un assent et d'un accord en cette partie, et adonqes en
« manere et forme come il est accustumez, c'est assaver par
« bouche de Purparlour de la dite commune pur le temps
« esteant, anfin que mesmes les seigneurs et communes
« avoir puissent lour gree de notre dit seigneur le Roy.
« Vuillant outre ce notre dit seigneur le Roy, de l'assent
« des seigneurs avaunt ditz, qe la communication en cest
« present Parlement eue come desuis, ne soit traihez en
« ensample en temps advenir, ne se tourne a prejudice ou
« derogation de la libertee de l'Estate, pur quell mesmes
« les communes sont presentement venuz. ne en cest present
« Parlement, ne en nul autre en temps advenir. Mais voet qo
« luy mesmes et toutz les autres Estates soient auxi franks
« come is feurent par devaunt[1]. »

51. *Rolls of Parliament*, Q. Henri IV. n° 21.

Ce texte pose nettement la règle constitutionnelle : la proposition d'impôt, portée par la Couronne aux Lords, même sous la forme d'une simple demande d'avis, est considérée par les Communes comme une infraction à leurs priviléges, et en face de cette procédure illégale, elles formulent la procédure à suivre : Le « Grant » doit être « par les com- « munes grantez et par les seigneurs assentuz », proclamant ainsi, aux premiers jours du XV⁰ siècle, le principe qu'au XVIII⁰ siècle lord Chatham reproduisait en disant : « Les taxes « sont un don et une libéralité volontaire des Communes « seules[1]. »

Ce droit exclusif des Communes de consentir les impôts se traduisit en 1628 dans la rédaction du préambule des *Bills of supply*. Il est resté depuis cette époque tel qu'il avait été adopté sur la proposition d'un comité de la Chambre des Communes : « *Très-gracieux Souverain, les très-fidèles Com- « munes de Votre Majesté ont donné et accordé à Votre « Majesté.* » Les Lords s'étaient plaints, mais en vain, de l'omission volontaire de la Haute Chambre dans la rédaction de ce préambule : la Chambre Basse ne voulut se prêter à aucune modification : « *l'ingérence des Lords dans ces sortes « de questions pouvant constituer un dangereux précédent* » ; et le bill fut accepté par les Pairs d'assez mauvaise grâce[2].

En 1640, les Communes eurent de nouveau l'occasion d'affirmer leur prérogative. Le roi s'était rendu à la Chambre des Pairs pour exposer la pénurie du Trésor et l'urgence d'un vote de fonds. Les Lords pouvaient-ils exercer légalement une action sur les Communes pour obtenir que, toute affaire cessante, les demandes d'argent de la Couronne fussent examinées? La question fut soulevée à la Haute Chambre, et tran-

1. *Parl. Hist.*, XVI, 99.
2. *Com. J.*, vol. 1, p. 910, 911, 919. — *Lords J.*, vol. 3, p. 879.

chée le 27 avril par un vote dans lequel les Lords déclaraient:
« Qu'ils ne voulaient point intervenir, même par voie de
« conseil, dans les questions de subsides, lesquelles sont de la
« compétence exclusive de la Chambre des Communes ; que,
« cependant, considérant qu'eux et les Communes étaient
« membres d'un même corps, sujets d'un même roi, et éga-
« lement intéressés à la sûreté du royaume, ils croyaient de
« leur devoir de déclarer que la question des subsides de-
« mandés par la Couronne devait prendre rang sur toute
« autre [1]. » A la suite de cette déclaration, une conférence
fut demandée aux Communes ; celles-ci nommèrent un comité
pour examiner la question. Il fut d'avis « que les proposi-
« tions et déclarations contenues au vote des nobles Lords,
« ayant trait à une question de subsides, avant que cette
« question ait été vidée par la Chambre des Communes,
« constituaient une infraction aux prérogatives des Com-
« munes » [2]. Des conférences eurent lieu entre les *managers*
des deux Chambres, le 28 avril ; sans résultat, car le même
jour, les Lords adoptaient la résolution suivante: « Les nobles
« Lords déclarent que le dernier vote dans lequel ils ont
« exprimé l'avis que les demandes de subsides de la Cou-
« ronne doivent avoir la priorité sur toute autre affaire,
« n'a porté aucune atteinte aux priviléges des Communes [3]. »
Celles-ci, loin de céder, nommèrent aussitôt un comité chargé
de rechercher les précédents parlementaires et de présenter
sur les droits respectifs des deux Chambres un rapport qui
permit aux Communes « d'arrêter une ligne de conduite pour
« la conservation de leurs prérogatives » [4]. L'affaire en resta

---

1. *Lords J.*, vol. 4, p. 67, 68
2. *Com. J.*, vol. 2, p. 13.
3. *Lords J.*, vol. 4, p. 72.
4. *Com. J.*, vol. 11, p. 15.

13, car le Parlement fut dissous le 5 mai; la Chambre n'avait pas laissé entamer ses droits. Elle les affirma une dernière fois en 1660; cette année fut définitivement fixée la procédure encore suivie de nos jours pour les *Bills of supply*: ce bill est adressé aux Communes par la Couronne; seules, elles sont nommées dans le préambule; une fois voté par la Chambre, le bill est envoyé aux Lords qui sont priés de l'adopter, et qui préviennent, par un message, les Communes de cette adoption. Le speaker des Communes présente ensuite le bill à l'assentiment royal. Toute intervention des Lords, par voie de déclaration, ou de demande de conférence avec l'autre Chambre, dans la préparation, la discussion et le vote du *Tax bill* est une infraction à la prérogative des Communes[1]. Pas un de ces points de droit qui n'ait été déjà fixé en 1407.

Mais quand c'était par voie d'amendement à un bill à elle adressé que la Chambre Haute intervenait dans la confection d'un *Bill of supply*, quelle ligne de conduite devaient adopter les Communes?

Leur attitude est nettement accusée dans la seconde moitié du XVII<sup>e</sup> siècle. On trouve, avant cette époque, quelques exemples d'amendements introduits par les Lords et agréés par les Communes; il n'est pas possible de déterminer aujourd'hui l'exacte nature de ces amendements. Quelques-uns avaient pour but, semble-t-il, de conserver aux Pairs la jouissance de ce droit antique en vertu duquel ils se taxaient eux-mêmes; d'autres n'étaient faits que pour corriger des vices de rédaction. Dans un ou deux cas, les Communes adoptent l'amendement, « par nécessité, vu la courte durée de la session[2] ». C'est en 1671 que fut arrêté le principe constitu-

---

1. Voy. : *Com. J.*, vol. 8, p. 98, 101. — *Lords J.*, vol. 11, p. 105, 109.
2. Voy. *Report from the Comm. on Tax bill*, p. VII.

tionnel qui dénie tout droit d'amendement à la Chambre des Lords.

Celle-ci avait introduit un amendement dans un bill créant un droit à l'importation. Les Communes prirent, le 13 avril 1671, la résolution suivante : « Dans tous les aides et subsides « accordés au Roi par les Communes, la Chambre des Lords « ne peut modifier le taux ou la taxe [1]. » Une série de conférences eut lieu entre les deux Chambres ; à la troisième, le jeudi 20 avril, les Lords déclarèrent « qu'ils ne trouvaient pas « dans les précédents sur lesquels s'appuyaient les Communes, « la justification de leurs prétentions ». Les Communes répliquèrent : « Que le droit dont elles se prévalaient était si « essentiel qu'elles n'avaient point à le justifier ; que le mettre « en discussion était déjà une atteinte aux prérogatives de la « Chambre [2]. » Il faut croire que cet argument ne porta pas la conviction dans l'esprit de Leurs Seigneuries ; car elles prirent à l'unanimité la résolution suivante : « Le pouvoir « exercé par la Chambre des Pairs, de faire des amendements « aux bills dont s'agit, au point de vue de la matière imposable, de la mesure et du temps, est un droit fondamental « et indubitable de la Chambre, dont elle ne saurait se dé- « partir [3]. » Les deux Chambres demeurèrent retranchées dans l'affirmation hautaine de leurs droits et le Parlement fut prorogé le 22 avril.

En 1678, la question fut de nouveau soulevée : sur le rapport d'un comité nommé à l'effet de déterminer les droits des Communes en matière financière, la résolution suivante fut votée par la Chambre : « Tous aides et subsides « accordés à Sa Majesté en Parlement sont le fait de la seule

1. *Com. J.*, vol. 9, p. 235.
2. *Lords J.*, vol. 12, p. 502.
3. *Ibid.*, p. 510.

« libéralité des Communes ; tous bills qui accordent de tels
« aides ou subsides doivent prendre naissance dans la Cham-
« bre des Communes, et c'est leur droit indiscutable et exclu-
« sif d'être maîtres absolus du but, de l'objet, des conditions
« et qualifications de tels subsides : nulle modification ne
« peut y être apportée par les Lords [1]. »

Même dans le cas où l'amendement introduit par les Lords
a pour effet d'abolir un droit, ou d'en modifier simplement
la perception, les Communes persistent à dénier le droit
d'amendement à la Chambre Haute. C'est ainsi qu'en 1689,
les Lords ayant abaissé les droits sur le thé, le café et le cho-
colat, la Chambre rejeta l'amendement, donnant la raison
suivante : « Les Communes ont toujours considéré comme
« une règle indiscutable, au maintien de laquelle elles con-
« tinuent à veiller avec un soin jaloux, le principe qui inter-
« dit aux Lords de modifier le taux ou la taxe en matière
« d'aides accordées par les Communes à Sa Majesté. » Les
Lords se déclarèrent « très-surpris de cette assertion des
« Communes », et comme en 1671 affirmèrent « que c'était
« leur indiscutable droit de diminuer les taxes votées par les
« Communes [2] ». Mais les Communes persistèrent dans le
rejet. Elles agirent de même en 1692. Le 17 juillet, un bill
sur l'impôt foncier était présenté à la Chambre des Lords :
elle décida que les taxes dues par les propriétés des nobles
Pairs seraient perçues par des collecteurs à leur nomination. C'était modifier seulement le mode de perception
de l'impôt, et cela, par une mesure qui n'était pas générale :
mais cela suffit pour éveiller les méfiances des Communes,
qui protestèrent et s'en référèrent au précédent de 1671,
rappelant qu'à cette époque « leurs ancêtres avaient estimé

<hr>

1. *Com. J.*, vol. 9, p. 509.
2. *Com. J.*, vol. 10, p. 236, 238-9, 242.

« que le droit en question appartenait aux Communes
« d'une façon si essentielle que le justifier par des raisons,
« c'était l'amoindrir ». Les Lords cédèrent, et tout en faisant des réserves sur leur droit d'amender les *Bills of
supply*, ils déclarèrent « que dans les circonstances ac-
« tuelles, ils ne croyaient pas opportun de maintenir leur
« amendement [1] ».

Quand l'amendement n'avait d'autre objet que de redres-
ser quelques erreurs de rédaction, ce n'était que sous de
très-expresses réserves de leurs droits que les Communes se
décidaient à l'accepter. Il existe un exemple de ce genre en
1693. Le 25 janvier, les Lords, amendant un bill qui accordait à la Couronne une taxe additionnelle de quatre shillings
pour livre, remplacèrent le mot « *receipt* » par « *precept* »,
insérèrent dans le texte la préposition « *to* », omise par inad-
vertance, et supprimèrent le mot « *any* », inutile au sens de
la phrase. Les Communes ne firent pas d'opposition, il est
vrai ; mais elles décidèrent que dans le *Journal de la Chambre* une mention particulière serait faite de la nature de
l'amendement agréé par elles [2].

En résumé, tout amendement qui ne portait pas simplement sur le redressement de quelque « clerical error » faisait
naître un conflit qui se dénouait soit par la prorogation du
Parlement, soit par le retrait volontaire de l'amendement. —
Au xviiiᵉ siècle, l'usage prévalut à la Chambre, pour éviter des
conflits ouverts avec la Chambre des Pairs, d'ajourner la
discussion du bill amendé, ou de le rejeter purement et
simplement.

Ainsi, le 3 juin 1772, les Lords renvoyèrent à la Chambre
des Communes le bill intitulé : « Acte réglant l'importation et

1. *Com. J.*, vol. 10, p. 780. — *Lords J.*, vol. 15, p. 191.
2. *Com. J.*, vol. 11, p. 69.

l'exportation des grains », avec un amendement supprimant tout droit à l'exportation. Le bill amendé fut rejeté à l'unanimité[1]. — Il fut aussi quelquefois fait usage de la question préalable : il y en a un exemple qui remonte au xviie siècle. Le 24 mars 1670, un bill, sur les eaux-de-vie, revint amendé par les Lords ; la Chambre « considérant que l'amendement « portait atteinte à la prérogative des Communes, décida « qu'il n'y avait pas lieu de prendre en considération le bill « amendé[2]. »

Le bill rejeté, ou repoussé par la question préalable, reparaît quelquefois. Quand la Chambre approuve la disposition nouvelle introduite par les Lords, elle écarte le bill dans un intérêt de principe ; le privilége sauf, le bill est de nouveau envoyé aux Lords modifié par les Communes dans le sens de l'amendement. Ainsi, le 12 juin 1827, le bill intitulé : « Acte établissant des droits à l'importation des blés », voté par les Communes, fut représenté à la Chambre des Lords, où il souleva quelque opposition. La Haute Chambre, réunie en comité, mit en discussion un amendement interdisant toute importation de céréales tant que le blé n'aurait pas atteint, en Angleterre, le prix moyen de soixante-six shillings le quarter. Le Gouvernement déclara retirer le bill, en voyant les dispositions des Lords : mais le 19 juin, il reparut aux Communes sous la forme d'une disposition temporaire ; l'importation était permise sans conditions, les droits restaient les mêmes que ceux du bill précédent ; mais on limitait au 1er mai 1828 les effets de ce nouveau bill. C'était faire une concession aux Lords qui, en effet, votèrent le nouveau bill sans difficultés[3]. Un fait du même genre arriva en 1854 :

1. *Com. J.*, vol. 33, p. 953.
2. *Com. J.*, vol. 9, p. 231.
3. *Com. J.*, vol. 82, p. 365. — *Lords J.*, vol. 59, p. 261, 399. — *Com. J.*, vol. 82, p. 532.

le 28 juillet, un bill était présenté à la Chambre Haute, qui répartissait d'une façon nouvelle certaines dépenses entre les diverses branches du revenu public et le fonds consolidé. Les Lords firent quelques amendements dont le résultat fut que certains traitements pour lesquels un crédit devait être ouvert tous les ans, devenaient des charges du fonds consolidé. Le 31 juin, les Communes nommèrent un comité pour faire un rapport sur l'affaire, et conformément aux conclusions de ce comité, un bill nouveau fut voté qui comprenait l'amendement des Lords. Ceux-ci adoptèrent le bill, le 10 août [1].

Les Lords n'ont donc en aucun cas le droit d'amender un *Bill of supply*. Ont-ils le droit de le rejeter ? Telle est la question qui s'est posée dès 1595, sous l'apparence d'une question de procédure. On se rappelle que le bill une fois voté par la Chambre Haute, elle le renvoie à la Chambre des Communes, car c'est le speaker des Communes qui doit présenter les *Tax bills* à l'assentiment royal. — Or, les Lords peuvent conserver le bill indéfiniment par devers eux, ce qui équivaut à son rejet. C'est précisément ce qui arriva en 1595 : les Communes, sollicitées d'agir, déclarèrent le 13 mars qu'une fois dessaisies du bill, elles n'avaient plus sur lui aucun pouvoir et que c'était à la Couronne d'aviser [2]. Ce n'était que la rigoureuse conséquence du principe, déjà fixé en 1407, qui veut que les Communes et les Lords examinent et votent séparément les demandes de subsides de la Couronne ; mais c'était reconnaître à la Chambre Haute le droit de rejet. — Implicitement reconnu dès 1595, ce droit de rejet des Lords fut expressément proclamé par les Communes en 1671 et en 1689, lors des conférences que les conflits soulevés sur le

1. *Lords J.*, vol. 86, p. 113 — *Com. J.*, vol. 109, p. 151. 158.
2. *Com. J.*, vol. 1, p. 111.

droit d'amendement rendirent nécessaires. Maintenant leur droit d'amender les lois de finance, les Lords disaient en 1671 : « Si ce droit est nié, les Lords n'ont pas la faculté de « rejeter des bills de cette nature ; si, en effet, les Lords qui ont pouvoir de donner des avis et d'appliquer des remèdes, ne peuvent pas amender, corriger ou refuser partiellement « un bill, comment peuvent-ils, en bonne logique, jouir de « la faculté de rejeter la totalité du bill[1] ? » Et les Communes, persistant à dénier à la Chambre Haute le droit d'amendement, répondaient en ces termes à l'argumentation des Lords : « Vos Seigneuries peuvent rejeter le bill dans son « ensemble..... Le Roi doit repousser chaque bill dans son « ensemble ou l'adopter : cependant, cela ne lui enlève pas « le droit de rejet. Les Lords et les Communes doivent accep- « ter dans son ensemble l'amnistie générale, ou la repousser, « cela ne leur enlève pas non plus le droit de rejet[2]. » En 1689, le rapport fait sur la question du droit d'amendement, par le comité des Communes, établit également que les Lords doivent, quand un *Bill of supply* leur est présenté, « adopter « le tout ou rejeter le tout, sans altération[3] ».

Il faut remarquer que les Communes pouvaient à cette époque reconnaître aux Lords le droit de rejet, sans danger de les voir abuser de ce droit. Rejeter un *Bill of supply*, c'était refuser à la Couronne des ressources indispensables. Aussi, les Lords se plaignaient-ils amèrement, en 1671, de « la dure et ignoble alternative, ou de refuser des sub- « sides à la Couronne lorsqu'ils sont le plus nécessaires ou

---

1. *Com. J.*, vol. 9, p. 235 (*entry of report of second conference with the Lords. — Reasons, § 1y*).

2. *Com. J.*, vol. 9, p. 235 (*entry of report of third conference with the Lords. — In fine*).

3. *Com. J.*, vol. 10, p. 133.

« de consentir à des voies et moyens que ne peuvent admet-
« tre ni leur jugement, ni le bien du gouvernement et du
« peuple[1] ». Tant qu'un système de taxes permanentes ne fut
pas établi, les Lords n'eurent dans le droit de rejet que
l'ombre d'un droit. Mais la situation changea, et ce droit
devint une réalité[2]. Le premier exemple de son exercice se
place sous le règne d'Anne : en 1707, un bill ayant pour
titre : « Acte établissant un droit supplémentaire sur les
laines importées », voté le 25 février par la Chambre des
Communes, fut présenté aux Lords qui décidèrent : « Le bill
« est et demeure rejeté[3]. » Le plus souvent, ce sont des
bills de dégrèvement qui sont repoussés par la Chambre
Haute. En 1714, rejet d'un bill diminuant les patentes des
marchands de vins[4]; en 1715, rejet d'un bill semblable;
cette fois, l'abaissement de la taxe portait sur les patentes
des marchands de tabacs et des marchands de vins[5]. En 1858,
le 2 juillet, les Lords repoussèrent de même le bill abolissant
les taxes d'église[6]. D'autres fois, la Chambre Haute se bor-
nait à ajourner le bill à un temps plus ou moins long. En
1758, le 5 mai, elle ajourna à deux mois un bill suspendant

1. *Com. J.*, vol. 9, p. 238 (*entry of report of second conference with the Lords. — Reasons, 6 ly*).

2. La première taxe permanente fut consentie en 1663 : c'était le *fouage*, impôt sur chaque feu (*hearth money*). Il n'y eut pas d'autres impôts perma-
nents avant la Révolution de 1688; mais à partir de cette époque, avec la dette nationale se développèrent aussi les taxes perpétuelles. Elles furent accordées en général en garantie d'emprunts. On créa successivement un droit sur la bière (1re année, Guillaume et Marie); un droit sur le sel (5e et 6e années, Guillaume et Marie); un droit sur le vélin et le papier (9e et 10e années, Guillaume III); sur les bâtiments (5e année, Anne); sur le café (3e année, Anne). — On peut consulter sur le système financier anglais, Fischel et Vogel, t. II.

3. *Lords J.*, vol. 18, p. 560.

4. *Lords J.*, vol. 19, p. 617 et 637.

5. *Lords J.*, vol. 20, p. 161 et 301.

6. *Lords J.*, vol. 90, p. 231 et 351.

tous droits sur les suifs d'Irlande[1] ; le 26 juin 1767, ajournement, à deux mois également, d'un bill autorisant l'importation libre des viandes et beurres salés[2] ; ajournement,
le 29 juin 1808, d'un bill sur les charbons étrangers[3]. Nous
nous bornons à ces exemples. Régulièrement, le Parlement
était prorogé avant la date fixée pour la nouvelle lecture
du bill ajourné. L'ajournement devenait ainsi une forme
polie du rejet.

En 1860[4], la Chambre des Lords a exercé une dernière
fois son droit de rejet. Les Communes, en établissant les
voies et moyens du budget, avaient adopté les deux mesures
suivantes : 1° augmentation de l'impôt foncier et du droit de
timbre ; 2° abolition de l'impôt sur le papier. Cette dernière
mesure avait rencontré une assez forte opposition et le bill
n'avait passé, en troisième lecture, qu'à 9 voix de majorité.

Les deux bills relatifs à l'augmentation de taxes furent
adoptés par la Chambre des Lords. Il n'en fut pas de même du
bill, déjà contesté à la Chambre des Communes, qui supprimait le droit sur le papier ; à la majorité de 89 voix, la
seconde lecture fut renvoyée à 6 mois. C'était un rejet. On
s'émut vivement à la Chambre. Sans doute, le droit de rejet
des Lords semblait incontestable en principe : mais dans le
cas particulier, ce droit ne venait-il pas de s'exercer d'une
façon contraire à l'esprit de la Constitution ? Le bill repoussé
n'était, en effet, qu'une partie du budget liée intimement à
toutes les autres ; le rejeter, c'était reviser l'œuvre de la
Chambre des Communes et exercer en quelque sorte, non
pas le droit de rejet, mais le droit d'amendement ; ce droit,

1. *Lords J.*, vol. 29, p. 327.
2. *Lords J.*, vol. 31, p. 633 et 632.
3. *Lords J.*, vol. 46, p. 760 et 783.
4. Voy. ERSKINE MAY, t. I, p. 561.

proscrit avec tant de persistance, menaçait de s'introduire subrepticement dans la pratique parlementaire. Une commission fut nommée, comme d'habitude, pour rechercher les précédents qui pouvaient éclairer la Chambre. Le Gouvernement, cependant, cherchait à éviter tout conflit. Au bout de six semaines, le 5 juillet, lord Palmerston vint proposer à la Chambre, au nom du cabinet, trois résolutions. La première reproduisait l'affirmation « que le droit d'accorder « des subsides à la Couronne appartient à la Chambre « des Communes seule ». Les deux autres étaient une menace plus directe à l'adresse des Lords, bien que leur rédaction fût enveloppée de précautions toutes parlementaires ; on y lisa  que l'exercice du droit de rejet « était justement « regardé par la Chambre des Communes d'un œil jaloux, « comme portant atteinte au droit que possédaient les Com- « munes de voter les subsides et de pourvoir aux voies et « moyens pour le service de l'année » ; que, d'ailleurs, « pour « empêcher à l'avenir les Lords d'exercer indûment leur pou- « voir », la Chambre avait entre les mains le pouvoir d'élaborer les lois de finances « de telle sorte que le droit des « Communes fût et demeurât inviolable ». Et de fait, il suffirait pour anéantir le droit de rejet des Lords qu'il dût, pour s'exercer, prendre la forme du droit d'amendement. La Chambre ne se fit pas faute d'employer ce petit moyen de procédure : en 1861, l'abolition du droit sur le papier fut insérée dans un bill réglant une série de matières financières, entre l'impôt foncier, le droit de timbre et l'impôt sur le thé. Les Lords l'acceptèrent, bon gré, mal gré. On peut donc dire, sans nulle exagération, que le droit de rejet reconnu à la Chambre des Lords est à la discrétion absolue des Communes.

En résumé, trois règles de droit se dégagent nettement de cet exposé historique :

1° Tout *Bill of supply* doit être présenté à la Chambre des Communes. Elle a en cette matière un droit de priorité;

2° La Chambre des Lords ne peut introduire dans ces bills aucun amendement;

3° La Chambre des Lords a le droit de rejeter le *Bill of supply* dans son ensemble.

Mais ce droit de rejet lui-même lui est dénié lorsque, la disposition rejetée étant liée à une série d'autres, le rejet n'est au fond qu'un amendement déguisé.

Tel est le droit en matière de *Bills of supply*. Mais ces bills ne sont pas les seules lois financières dont les Chambres aient à s'occuper. Les subsides votés, les impôts consentis sont répartis entre les différents services par des bills d'appropriation; des réformes dans l'économie du système financier qui se traduisent par la création d'impôts, et par suite, par le vote de nouveaux *Tax bills*, ont aussi pour expression l'abolition d'impôts anciens. Ce sont là deux classes de lois qui ont, comme les *Bills of supply*, un caractère exclusivement financier. D'autres actes législatifs n'ont pas, au contraire, pour objet immédiat, une mesure financière; mais c'est leur effet indirect de faire peser une charge sur la population, d'entraîner l'ouverture d'un crédit. — Enfin, — soit calcul de la part des Communes, soit résultat des circonstances, — certains *Bills of supply* contiennent des dispositions étrangères à leur objet principal.

L'usage des bills d'appropriation s'introduisit sous le règne de Charles II, se généralisa sous celui de Guillaume III et passa dès ce moment, d'une façon constante, dans la pratique parlementaire. On leur appliqua de tous temps, les mêmes règles de fond et de forme qu'aux *Bills of supply*, sans soulever une opposition spéciale auprès de la Haute Chambre. Il faut en dire autant des actes qui abolissent des taxes existantes : s'il y eut de nombreux conflits entre les Lords et les Communes à propos de bills de cette nature, les Communes firent dans cette lutte triompher leur prérogative par les mêmes raisons, sans que les Lords aient fait des efforts particuliers pour conserver, en ce qui concerne ces bills, le droit d'amendement.

Au contraire, la Chambre des Lords a revendiqué non-seulement le droit d'amendement, mais le droit d'initiative en présence de *Public bills,* lesquels, sans avoir pour objet direct une mesure financière, avaient cependant pour résultat de grever la population. La question fut soulevée, au plus fort des conflits des deux Chambres, sur la question des *Tax bills,* en 1661; les Lords adressèrent, cette année, aux Communes, un *bill pour le pavage, la réparation et l'amélioration des voies et rues de Westminster;* la Chambre se sentit atteinte dans son droit de priorité et, opposant au bill la question préalable, décida qu'il n'y avait pas lieu de le prendre en considération : « Attendu que ce bill contient une infrac« tion à la loi constitutionnelle; qu'il impose, en effet, une « charge à la population; que, dès lors, en vertu de la préro« gative dont jouit la Chambre, il aurait dû être soumis en « premier lieu à son examen [1]. » En même temps qu'elles prenaient cette résolution, les Communes décidaient d'en avertir les Lords et de porter à leur connaissance les motifs qui les avaient déterminées.

Leurs Seigneuries n'en furent point très-touchées : c'est ce qui parut en 1664. Le 15 février, les Lords adressèrent aux Communes un bill pour l'amélioration des grandes routes dans les villes. La Chambre des Communes le repoussa comme en 1661 par la question préalable : « Considérant que le bill

<hr>

1. *Com. J.,* vol. 8, p. 211.

« imposerait une charge à la population et aurait dû, par con-
« séquent, prendre naissance dans cette Chambre[1]. » Elle
maintenait en même temps que les Lords n'avaient pas le
droit d'amender les *Public bills*, quand l'amendement avait
une charge pécuniaire pour conséquence. En 1662, le 17
mai, les Lords leur renvoyaient avec quelques amendements
un bill sur la voirie, et les amendements étaient repoussés par
un motif qui fait voir nettement que le droit d'amendement
était lié intimement, dans l'esprit des Communes, au droit
d'initiative, et qu'il n'est pas dès lors sans intérêt de reproduire : « Il y a lieu, dit la résolution de la Chambre, de
« donner comme unique raison du dissentiment des deux
« Chambres sur les amendements en question, celle-ci : que
« ces amendements ont pour résultat de faire peser une
« charge sur la population, et que, dès lors, ils doivent être
« proposés non à la Chambre des Lords, mais à celle des
« Communes[2]. » Les Lords cédèrent en 1662; en 1690, il y
eut un nouveau conflit qui fut tranché par la prorogation du
Parlement. Même conflit, même solution en 1691. En 1696,
les Lords retirèrent leur amendement, comme ils l'avaient fait
en 1662.

C'était l'usage alors d'inviter les Lords à un nouvel examen:
de nos jours, les Communes ont adopté la procédure plus
expéditive de la question préalable. C'est ainsi que les amendements apportés par les Lords, en 1836, au bill sur le conseil des pauvres, et en 1846 au *County Bridges bill,* ne furent
pas pris en considération, sur le seul fondement de la prérogative des Communes. Comme en matière de *Bills of supply,* la Chambre reprend souvent à son compte, dans un
nouveau bill, l'amendement des Lords.

1. *Com. J.,* vol. 8, p. 602.
2. *Com. J.,* vol. 8, p. 423 et 473.

La Chambre des Communes maintenait son droit de priorité
même en matière pénale. S'agissait-il d'un bill fixant le taux
d'une amende ? d'un amendement à une loi pénale, portant sur
quelque question d'amendes ou de réparations ? les Communes refusaient de prendre le bill ou l'amendement en
considération. La Chambre s'est aujourd'hui relâchée de cette
rigueur dans l'exercice de sa prérogative. Le *Standing order*
de 1831 contient sur ce point les dispositions suivantes :

« Si des bills votés par les Lords ont été adressés aux Com-
« munes pour obtenir leur assentiment, ou si des bills votés
« par la Chambre des Communes lui sont renvoyés par les
« Lords avec des amendements ;

« Si dans ces bills ou amendements, une pénalité pécu-
« niaire est proposée, modifiée ou rejetée par les Lords ;

« Le speaker devra, avant la seconde lecture de ces bills
« ou amendements, dire à la Chambre si leur objet est bien
« de proposer, modifier ou rejeter une charge pécuniaire ;
« ou s'ils ne sont relatifs qu'à la punition ou à la préven-
« tion d'un délit.

« La Chambre sera alors appelée à décider si dans le cas
« particulier il y a lieu d'exercer sa prérogative en ce qui
« concerne ces bills ou amendements. »

Le *Standing order* du 24 juillet 1849 est plus explicite et
plus compréhensif :

« Si des bills sont envoyés aux Communes par les Lords,
« ou renvoyés par eux avec des amendements ; si ces bills ou
« amendements autorisent, modifient ou rejettent des péna-
« lités ou des *récompenses* pécuniaires ;

« La Chambre n'exercera pas son antique et incontestable
« prérogative dans les cas suivants :

« 1° Si l'objet des pénalités est d'assurer l'exécution de
« l'acte, ou de régler la prévention et la punition de délits. »

Une dernière catégorie de bills reste à examiner. Il s'agit de *Bills of supply* qui contiennent des mesures étrangères à leur objet principal. En 1700, la Chambre des Communes inséra dans un bill sur l'impôt foncier des articles réglant une question d'éligibilité au Parlement ; ils déclaraient inéligibles les employés et directeurs de l'excise. Les Lords amendèrent ces dispositions : leurs amendements furent repoussés par les Communes, qui invoquèrent leurs priviléges. Le bill était, disaient-elles, un *Bill of supply*, et la forme emportait le fond. Dans les conférences qui furent tenues à ce sujet, les Lords insistèrent sur leur droit d'amender les *Bills of supply*, au moins dans la limite où ces bills réglaient des matières étrangères aux questions financières : « La dé-« claration d'inéligibilité au Parlement, disaient-ils, en sup-« posant qu'il y ait lieu de prendre cette mesure, doit être « de la part des Communes l'objet d'un bill spécial : joindre « une déclaration de cette nature à une loi de finances est « contraire à la méthode parlementaire. C'est détruire la « liberté des débats et mettre en péril les droits de la Haute « Chambre et ceux de la Couronne. Les lois de finances pour-« raient avoir en effet, par ce procédé, les conséquences les « plus graves pour la nation sans que les Lords et la Cou-« ronne pussent empêcher ces conséquences de se produire, « sans compromettre du moins la paix et la sécurité publi-« ques [1]. » — Cette argumentation, si juste qu'elle fût, ne fit pas revenir les Communes sur leur rejet : le Parlement fut prorogé le 11 avril, après de nouvelles conférences, égale-lement infructueuses. La même question fut soulevée en 1702, et les Lords prirent, le 9 décembre, la résolution sui-vante qui fut inscrite au règlement :

1. *Com. J.*, vol. 13, p. 320.

« Le fait de joindre à un bill de finances une ou plusieurs
« clauses étrangères aux matières financières est attentatoire
« aux principes parlementaires et destructif des droits des
« pouvoirs constitutionnels. » Les Lords ont en général énergiquement maintenu cet article de leur règlement: dans
quelques cas cependant, ils ont cédé: en 1807, par exemple,
mais par des motifs de pur fait.

Concluons donc :

1° Il faut étendre, sans restriction, aux bills d'appropriation et d'abolition de taxes, les règles de fond et de forme
qui régissent les *Bills of supply* proprement dits;

2° Il faut également étendre ces règles à tous bills qui,
indirectement, grèvent la population d'une charge; sont excep-
tées les propositions pénales édictant des amendes ou des
réparations pécuniaires ;

3° Si un *Tax bill* contient une disposition étrangère à sa
nature, le droit d'amendement dont la Chambre des Lords
jouit en général, subsiste quant aux dispositions qui n'ont
pas un caractère financier.

On le voit : la situation qui est faite à la Chambre des
Lords, toutes les fois qu'elle se trouve en présence d'une
loi qui a pour effet de grever le contribuable, ou d'une mesure d'intérêt financier, est celle d'une chambre d'enregistrement qui peut, en droit, refuser son adhésion et qui en fait
n'exerce à peu près jamais son pouvoir. Le caractère aristocratique de la Chambre des Lords est la raison d'être du
rôle effacé que les Communes lui ont fait en matière de lois

de finance : les Lords ne représentent que des intérêts personnels. Il faut remarquer que le rôle de Chambre de révision dont la Haute Chambre a dû de bonne heure se contenter en présence de bills financiers, est celui que l'histoire politique de l'Angleterre tend de plus en plus à lui faire prendre dans toutes les matières législatives.

# CHAPITRE II

## La prérogative de la Chambre basse dans la Constitution fédérale et les constitutions d'États des États-Unis d'Amérique.

Rien n'est plus curieux que de suivre, dans le développement des institutions parlementaires de l'Amérique, les principes du droit constitutionnel anglais en matière de lois de finance. Sur cette terre de libre démocratie, le droit anglais a pris l'expansion que des vestiges féodaux pieusement conservés, et la présence d'une église établie, organisée fortement, lui interdisent dans la mère patrie. La logique eut raison contre la tradition; la liberté cessa d'être envisagée comme un privilége du citoyen anglais pour devenir, aux yeux de l'Américain, le droit imprescriptible de tout homme vivant en société; on cessa de s'attacher aux chartes, aux titres, aux concessions particulières, pour adopter le point de vue large de la justice révélée par la raison. Mais, et c'est là qu'apparaît la persistance de l'esprit anglais dans cette forte race qui avait défriché les solitudes du nouveau monde, la formation de cet esprit nouveau fut lente et progressive; la tradition ne fut nulle part brusquement rejetée et l'anneau qui unit le passé au présent ne fut jamais rompu. C'est cette alliance d'un esprit novateur, plus libre et plus large, avec l'esprit de conservation, qui se montre à nous dans l'histoire de la grande querelle qui fut la guerre de l'Indépendance: c'est elle qui préside depuis aux transformations du droit politique. C'est cet esprit de sagesse éclairée que nous allons voir à l'œuvre; et nous sommes dans le vif de notre sujet en rappelant le souvenir de la guerre de l'Indépendance : elle a été faite pour un droit, le droit du contribuable à consentir l'impôt ; nous sommes au cœur même de notre question en parlant des transformations du droit politique anglais sur la terre américaine : qu'est devenue, dans la Constitution fédérale, dans les constitutions des États particuliers, la règle qui donne à la Chambre basse le pouvoir exclusif de consentir l'impôt ? La suite de cette étude nous l'apprendra.

## I.

Un jour du mois de février 1761, un avocat prononçait dans le vieil hôtel de ville de Boston, ces paroles, le symbole des Américains pendant la lutte pour l'Indépendance : « *Impôt sans représentation, c'est tyrannie*[1] ! » Il se nommait James Otis et ce n'était pas, en réalité, pour quelques marchands de Boston et de Salem qu'il plaidait ; c'était pour la nation américaine entière ; il ne s'agissait pas, au fond, de savoir si un *writ d'assistance*[2] devait être général ou spécial : la question était plus haute, et de sa solution dépendaient les libertés d'un grand peuple. La guerre seule donna la solution du procès, et si nous rappelons cette scène, c'est que l'Amérique s'y peint avec ses qualités politiques : un esprit de liberté qui ne souffre aucune gêne, un esprit de légalité qui ne consent à l'emploi de la force qu'en présence

---

1. Voy. sur James Otis et le procès de Boston : LABOULAYE, *Histoire des États-Unis*, 2ᵉ édit., t. II, p. 68 et suiv.

2. Un mandat d'assistance. Il autorisait les visites domiciliaires et l'emploi de la force pour les effectuer ; la loi anglaise n'admet que le mandat *spécial*, indiquant le nom de la personne et le délit commis ; depuis l'affaire de Wilkes, en 1763, tout *mandat général* est considéré comme illégal et nul.

d'un déni de justice. Qu'était cette *tyrannie* que l'Amérique rejetait? Qu'était ce principe de la représentation du contribuable sur lequel se fondait la résistance, légale avant de devenir militaire? On 'a reconnu une liberté anglaise; mais ici un retour en arrière est indispensable.

Les colonies anglaises en Amérique peuvent se diviser en deux groupes: les colonies primitives[1] composent le premier; le second est de formation dérivée; les provinces qu'il comprend[2] ont leur origine moins dans des entreprises de la métropole que dans l'extension des colonies primitives: les unes durent leur fondation à des concessions de territoires faites par la Couronne, à des chartes ou patentes royales; les autres ne demandèrent aux chartes qu'une garantie d'existence; dans toutes, le gouvernement parlementaire et la liberté politique sont contemporaines de la fondation.

La Virginie, la *vieille province*[3], vit s'établir sous Jacques I<sup>er</sup> les premiers colons qui devaient fonder en Amérique un établissement durable. Par une charte du 10 avril 1606, Jacques concédait à une Compagnie de Londres un vaste territoire qui embrassa plus tard les treize colonies. Le 23 mars 1609, une nouvelle charte venait confirmer la première : elle était concédée à la *Compagnie des aventuriers et planteurs de la cité de Londres, pour la première colonie en Virginie;* une patente royale du 12 mars 1612 étendait encore les limites assignées à la compagnie[4]. C'était une corporation commerciale : « à peu près, dit M. Laboulaye,

1. Ce sont : la Virginie, le Massachussets, le Maryland, New-York, les deux Carolines et la Pensylvanie.

2. Connecticut, Rhode-Island, Delaware, New-Jersey, New-Hampshire, Géorgie.

3. *The old dominion.*

4. Hotoh, *American constitutions*, t. II.

« ce qu'est aujourd'hui un chemin de fer : une organisation
« particulière qui, pourvu qu'elle ne viole pas les lois de
« l'État, s'organise comme elle l'entend[1]. » Un conseil suprême siégeait à Londres : les pouvoirs locaux étaient con-
férés à un conseil provincial et à un gouverneur nommés
par la compagnie.

Aux colons, la charte garantissait la jouissance de tous les
droits civils des sujets anglais. Aucune mention des droits
politiques : c'était affaire entre eux et la compagnie[2]. Treize
ans après l'établissement des premières plantations, le
31 juin 1619, la première assemblée représentative qui ait
siégé en Amérique se réunissait à Jamestown ; elle était
composée du gouverneur qui, en la convoquant, avait cédé
aux réclamations unanimes des colons ; des 4 conseillers de
la province et de 22 *freemans*, députés par les plantations.
Cet état de choses devint la constitution du pays en 1621 :
le conseil suprême de Londres rendit, à cette date, une ordonnance autorisant la réunion annuelle d'une assemblée
composée de deux *freemans* députés par chaque ville ou
plantation. Cette assemblée exerçait le pouvoir législatif de
concert avec le conseil provincial et le gouverneur ; la compagnie se réservait un droit de contrôle ; mais, par une juste
réciprocité, ses ordonnances devaient, pour être exécutoires,
être ratifiées par l'assemblée coloniale[3].

Au moment où la Virginie acquérait ainsi le bienfait des
institutions représentatives, un autre établissement se fondait au Nord : la persécution religieuse conduisait dans la
contrée qui devait être un jour la nouvelle Angleterre un

---


1. LABOULAYE, *Hist. des États-Unis*, t. I, p. 69.
2. LABOULAYE, *Hist. des États-Unis*, t. I, p. 73.
3. HOUGH, *Améric. constitut.*, t. II.

petit groupe de puritains[1]. Égaux dans leur foi ardente, égaux dans les souffrances de la persécution et de l'exil, ils ne pouvaient fonder sur le sol aride, que leur courage devait peupler, qu'une pure démocratie. La souveraineté fut à tous, réunis en assemblée générale : le gouvernement à un gouverneur et à un conseil de cinq membres élus par les planteurs. En 1639, le gouvernement représentatif s'introduisit par la force des choses[2]. La nouvelle colonie prit le nom de New-Plymouth : en 1629, une patente du conseil de Plymouth reconnut son existence comme corporation. « C'était, « dans la forme, une simple concession commerciale ; au fond, « c'était le droit de libre gouvernement[3]. » Elle en jouit librement et confondit, en 1620, sa destinée avec celle du Massachussets[4].

Les premiers établissements de la compagnie de Massachussets-Bay sont contemporains de la fondation de New-Plymouth. En 1627, une association s'était formée et avait obtenu du conseil de Plymouth une concession de terrain. C'étaient aussi des non-conformistes : le 4 mars 1629, ils obtinrent une charte royale qui les constitua en *gouvernement et compagnie de Massachussets-Bay*. La compagnie s'administrait librement par un conseil siégeant en Angleterre : des assemblées générales d'actionnaires se réunissaient quatre fois par an pour l'expédition des affaires de la planta-

1. C'étaient des Brownistes ou séparatistes ; ils avaient trouvé d'abord un refuge à Leyde, où ils s'embarquèrent, après un jeûne solennel, le 17 septembre 1620, sur la *May Flower* (la Fleur de Mai), « plus célèbre aujourd'hui « dans les annales de l'Amérique, que le navire *Argo* ne l'a jamais été chez les « Grecs. » (LABOULAYE, t. I, p. 132.)

2. Hovou, *Amerie. constitut.*, t. I.

3. LABOULAYE, t. I, p. 139.

4. New-Plymouth fut incorporé au Massachussets par une charte de Guillaume et Marie. (Hovou, t. I; LABOULAYE, t. I, p. 110.)

tion et la nomination de ses officiers. Bientôt la colonie devint le siège social; les associés, des concitoyens ; leurs assemblées, la réunion d'un peuple. En 1634 s'introduisit le gouvernement représentatif[1].

L'esprit de liberté religieuse est ce qui a peuplé l'Amérique. Tandis que les *non-conformistes* cherchaient dans le nouveau monde un asile à leur foi, des catholiques fondaient, sur une portion du territoire inoccupé de la Virginie, la colonie de Maryland. Lord Baltimore obtint pour lui et ses héritiers la concession perpétuelle de ce beau et fertile pays. Une charte du 20 juin 1632 le constitua propriétaire et seigneur féodal du Maryland, à charge de reconnaître la suzeraineté de la Couronne d'Angleterre, et d'obtenir pour les lois et règlements de la colonie, l'aveu de la majorité des colons, ou de leurs représentants. Les droits politiques des colons étaient donc garantis par la charte même[2].

Ce sont aussi des concessions de propriété et de seigneurie que l'on trouve à l'origine de la Caroline, du New-York et de la Pensylvanie. Le pays qui forma la première de ces provinces, fut donné en pleine propriété, sauf l'allégeance due à la Couronne, à huit seigneurs anglais qui s'empressèrent de promettre aux colons un gouvernement libre, sûr moyen d'attirer des émigrants. Deux établissements furent en effet rapidement fondés: l'un, au Nord, formé par des colons émigrés de Virginie: le gouverneur de la Virginie leur nomma un gouverneur et un conseil; ils élirent eux-mêmes une assemblée. L'autre fut créé au Sud, par des planteurs venus des Barbades. Rien ne troublait la marche prospère de la colonie quand les heureux propriétaires de ce riche

---

1. Hovew, t. 1; Laboulaye, t. I, p. 111 et suiv.
2. Hovgu, t. 1; Laboulaye. t. I, p. 201 et suiv.

pays songèrent à faire le bonheur de ses habitants ; le philosophe Locke élabora le *grand modèle* [1], qui fut solennellement octroyé à la colonie en mars 1669. Mais le bon sens pratique et l'esprit de liberté des colons s'accommodèrent mal de cette œuvre factice et bizarre qui créait une noblesse terrienne, une hiérarchie sociale et un savant équilibre des pouvoirs : après 23 ans d'un essai infructueux, les propriétaires, en 1693, renoncèrent à imposer le *modèle* à leurs colons, et ceux-ci reprirent leur simple et libre gouvernement [2].

Le New-York s'était appelé jusqu'en 1664 le New-Neherland. Un directeur général et un conseil administraient ce pays au nom de la compagnie hollandaise des Indes ; mais les plantations étaient en grande partie entre les mains de colons anglais. En 1653, ils réclamèrent contre des taxes imposées par le gouverneur, nommèrent une convention et demandèrent une part du pouvoir législatif, ainsi que le droit d'élire les officiers de la colonie. Le directeur dispersa leurs *meetings* ; les colons résistèrent à la levée des taxes [3]. Cet état de choses durait encore en 1664 ; à cette époque, Charles II donna le New-Neherland au duc d'York, en pleine propriété et seigneurie. Ce territoire était compris, en effet, dans les vastes limites où le roi d'Angleterre se prétendait souverain. La domination anglaise, bien reçue par les habitants, fut consolidée par le traité de Westminster [4]. Le duc

1. Sur ce système politique, voy. les curieux détails que donne M. LABOULAYE, t. I, p. 311 et suiv.
2. HOUGH, t. I ; LABOULAYE, t. I, p. 351.
3. HOUGH, t. II ; LABOULAYE, t. I, p. 262.
4. En 1674. La paix de Bréda, en 1667, avait attribué New-York aux Anglais en échange de Surinam, que les Hollandais gardaient. — New-York fut reconquis par la Hollande dans la guerre qui suivit, et restitué à la paix de Westminster au duc d'York, qui obtint une charte nouvelle en juin 1674.

d'York se montra avare de concessions libérales, et son gouverneur, sir Edmond Andros, a laissé un triste renom dans l'histoire des colonies [1]; cependant, en 1683, les habitants reçurent l'autorisation d'élire une assemblée générale. Le 17 octobre, elle se réunit et fit aussitôt acte de souveraineté en votant une *charte de liberté*. Le pouvoir législatif portait la déclaration, « résidera dans le gouverneur, le conseil et le « peuple réunis en assemblée générale... Nulle taxe ne sera « imposée sous aucun prétexte, sinon du consentement de « l'assemblée [2] ». En 1684, Jacques Ier retira les concessions du duc d'York: le 10 janvier, l'assemblée fut dissoute [3]. L'avénement de Guillaume Ier rétablit la liberté; en 1691, la colonie devint province royale et ses frontières lui furent confirmées [4].

La charte octroyée à William Penn en 1601, autorisait l'établissement d'un régime représentatif, et le premier soin de Penn fut de fonder le gouvernement libre: les députés de la colonie rédigèrent donc une charte qui contenait toutes les libertés anglaises : tout homme atteint par les charges publiques possédait le droit de suffrage; nulle taxe, nul impôt ne pouvait être levé que par une loi, et toute proposition d'impôts devait, pour devenir loi, réunir les deux tiers des voix dans le conseil et l'assemblée [5].

L'organisation politique de la province subit de nombreuses transformations, mais ces principes demeurèrent.

Franklin vécut et mourut dans la conviction que les colonies anglaises peupleraient un jour tout le continent améri-

1. Il fut le principal agent de la politique absolutiste du roi et l'exécuteur des mesures dirigées contre les législatures coloniales.
2. LABOULAYE, t. I, p. 296.
3. HOLMES, t. II.
4. Ibid.
5. HOLMES, t. I; LABOULAYE, t. I, p. 312.

cain[1]. Cette foi dans l'avenir de son pays n'était pas irréfléchie : il lui suffisait de jeter les yeux sur le passé pour se convaincre de la force d'expansion que donne aux plus petites sociétés l'amour de toutes les libertés. L'intolérance religieuse de l'Angleterre avait fondé la colonie de Massachussets ; l'intolérance de la colonie donna naissance à Rhode-Island[2], au Connecticut[3] ; le New-Hampshire aussi fut peuplé par les puritains[4]. La nécessité vivement sentie d'un pouvoir local, placé directement sous l'influence du peuple, amena la division de la Caroline en deux provinces[5] et la séparation d'une partie de la Pensylvanie qui devint la colonie de Delaware[6].

1. Après le vote de l'acte de timbre, il dit à l'un des agents des colonies qui s'embarquait : « Dites à nos concitoyens qu'ils aient le plus d'enfants possible et le plus tôt possible. » Franklin ne croyait alors la résistance possible que dans un avenir lointain, lorsque les colonies auraient atteint le chiffre de population de la métropole.

2. Providence fut le premier établissement que fondèrent les colons émigrés. La colonie de Rhode-Island eut la gloire de donner, avec le Maryland, le premier exemple de la tolérance religieuse. — Après deux ans d'un gouvernement emprunté aux livres saints, la colonie se donna une constitution qui fut confirmée en 1613 par une charte de Charles II.

3. L'histoire du Connecticut est la même que celle de Rhode-Island, sauf qu'un étroit esprit de secte y remplaça l'esprit de liberté et de tolérance dont les fondateurs de Providence s'étaient inspirés. En 1662, Charles II donna une charte reconnaissant à la colonie une existence séparée et confirmant ses franchises. Les concessions royales étaient des plus larges : la Couronne ne se réservait même pas le droit de contrôle.

4. Le Conseil suprême de Plymouth concéda en 1635 le territoire du New-Hampshire au capitaine Mason. Il mourut peu après : sa veuve abandonna l'œuvre de colonisation. Les communautés puritaines qui s'étaient établies dans le pays demandèrent au Massachussets de les admettre dans ses limites ; d'où des procès interminables, entre le Massachussets et les héritiers de Mason auxquels Charles II mit fin en 1675, en déclarant le New-Hampshire province royale.

5. Cette division avait existé en fait dès l'origine, les deux établissements créés l'ayant été aux deux extrémités de la colonie. Elle devint officielle en 1732. La Caroline, à cette époque, était province royale.

6. En 1661, ce pays, qui était compris dans la charte du duc d'York, fut cédé par lui à lord Berkeley. Penn l'acquit et la Pensylvanie le garda jusqu'en 1702.

Le duc d'York avait en 1664 cédé une partie du territoire compris dans les limites de sa charte à sir Georges Carteret : ce fut l'origine du New-Jersey ; en 1702, les héritiers du propriétaire résignèrent entre les mains de la reine Anne leur droit seigneurial ; le pouvoir qu'acquit ainsi la Couronne n'apporta pas d'entraves aux libertés des colons [1].

La Géorgie, la dernière des treize colonies, dut sa fondation à une pensée philantropique ; elle devint province royale en 1757 [2].

Cette transformation s'était faite déjà pour plusieurs colonies [3]. Partout les droits de la représentation populaire étaient restés debout, ou avaient reparu après une courte suspension du régime représentatif [4].

Il y avait donc en 1761, lors du procès de Boston, treize colonies, qui possédaient sans conteste le droit de s'administrer par leurs propres lois, de se taxer pour leurs besoins. Toutes, elles tenaient pour une maxime constante qu'aucun autre pouvoir que leurs législatures ne pouvait établir de taxes sur elles. Mais telle n'était pas la doctrine des légistes anglais.

L'acte de navigation avait été inspiré par une pensée politique ; il fallait une marine à Cromwell [5]. Cependant le com-

1. HOUGH, t. I. Les propriétaires s'étaient réservé leurs droits utiles sur le sol.

2. Voy. HOUGH, t. I, et LABOULAYE, t. I, p. 382.

3. Étaient devenues provinces royales : la Virginie, en 1624 ; New-Hampshire, en 1675 ; New-York, en 1691 ; New-Jersey, en 1702 ; la Caroline, en 1708.

4. Pendant les années qui précédèrent la révolution de 1688, presque toutes les colonies eurent à souffrir dans leurs libertés.

5. C'est en 1651 que fut rendu l'acte de navigation : il disposait qu'à l'avenir les transactions de l'Angleterre avec les pays étrangers ou les colonies anglaises ne pourraient s'effectuer que par des bâtiments construits en Angleterre, montés et possédés par des Anglais.

merce britannique lui avait dû une prospérité jusqu'alors inconnue. Il voulut plus : il voulut le monopole de tout le mouvement commercial des colonies. Faire de l'Amérique un marché réservé au seul commerce anglais, faire de l'Angleterre le marché du monde en fermant tous les autres pays aux négociants américains; telle était son ambition. Le Parlement entra dans cette voie dès les premières années de la Restauration[1] : l'exportation du sucre, du tabac, du coton, de l'indigo, fut interdite à toute destination autre que l'Angleterre; pour tout navire chargé de denrées de cette nature, il fallait donner caution que le fret serait vendu dans la métropole[2]. On faisait ainsi du commerce britannique l'agent indispensable du commerce international. Bientôt l'industrie anglaise se plaignit à son tour; la nouvelle Angleterre lui faisait concurrence sur le marché américain. En 1672 parut un acte du Parlement qui imposa les échanges entre les colonies de taxes égales à celles qui frappaient en Angleterre les objets de production étrangère[3]. Chaque colonie restait ainsi pour le commerce anglais un marché national et devenait un marché étranger pour le commerce de la colonie voisine : c'était supprimer, en fait, les transactions des colonies entre elles et tuer l'industrie naissante de l'Amérique. Il est difficile de s'arrêter dans la voie du monopole : le Parlement en vint à proscrire la fabrication des objets nécessaires à la consommation locale, quand cette fabrication pouvait faire concurrence aux industries analogues de l'Angleterre[4].

1. Le Protecteur avait garanti à la Virginie la liberté du commerce en échange de sa soumission. Cette promesse fut strictement tenue par lui.

2. Voy. sur ces mesures : LABOULAYE, t. I, p. 99 et suiv.

3. En 1672.

4. Un historien de la Virginie, Beverly (cité par M. LABOULAYE, t. I, p 102), rapporte que la colonie fait venir d'Angleterre jusqu'à des balais de bouleau, « ce qu'on aura peine à croire ».

Ce régime paraissait aux Anglais fondé « sur l'intérêt commun des deux pays »[1], et la politique commerciale du Parlement ne trouva jamais de contradicteur. Tel est l'empire des idées fausses, quand ces idées sont celles de toute une époque.

Les colons supportaient avec impatience les mille gênes de ce système, sans en contester la légitimité; c'étaient des règlements commerciaux; le Parlement était souverain en cette matière; on s'inclinait devant cet argument, mais on songea à en examiner la valeur quand le Parlement s'arrogea le droit d'imposer à l'Amérique des taxes intérieures.

Nombre de légistes et de parlementaires ne doutaient pas que ce fût là le droit certain du Parlement. N'avait-il pas pouvoir de taxer l'Angleterre entière, et qu'étaient les colonies, sinon des pays anglais? Elles qu'un lien de dépendance unissait à la mère patrie, pouvaient-elles se plaindre de recevoir des lois d'un corps auquel la métropole obéissait? Elles n'étaient point représentées dans la Chambre des communes; mais combien d'Anglais ne l'étaient pas!

Tout Anglais paie l'impôt: il n'y en a pas un sur vingt qui soit représenté, disait un pamphlétaire officiel du temps[2]. « Les gens de Manchester et de Birmingham sont-ils Anglais? « Paient-ils l'impôt? Si les gens qu'on impose sont juges de « l'équité de l'impôt, le Parlement n'aura jamais le pouvoir d'établir un impôt[3]. » Or, le parti *whig*, alors dominant, admettait difficilement des restrictions à l'omnipotence du Parlement. On sait que dans le vieux dicton anglais, il n'est qu'une chose qu'il ne puisse: changer un homme en une femme,

1. C'est ce que lord Chatham disait au Parlement. Voy. *infrà*.
2. Joame Jenyns. Il était membre du Bureau du commerce.
3. *Objections on the Taxation of the colonies by the legislature of Great Britain, briefly considered.*

ou une femme en un homme. La révolution de 1688 avait
exalté en lui l'orgueil de la toute-puissance ; taxer des colons !
on ne le pourrait pas, quand on avait pour la seconde fois
abattu un trône et disposé souverainement des destinées du
pays ? Mais la preuve qu'on le pouvait légitimement, c'est
que depuis l'acte de navigation, le Parlement n'avait cessé
de le faire. Taxer, n'est-ce pas disposer de la propriété particulière en vue du bien général ? Taxes, ces droits à l'importation, taxes, ces restrictions à la liberté du commerce et
de l'industrie. Le commerce, l'industrie sont des propriétés ;
n'en avait-on pas disposé en vertu d'un pouvoir souverain, incontesté par ceux-là même sur lesquels il pesait ? Vingt-neuf statuts
du Parlement, reçus avec soumission par les colons, étaient des
preuves assez évidentes de son pouvoir légitime. Des chartes,
il est vrai, avaient été concédées aux colonies : on y lisait
parfois, comme dans celle de Maryland [1], une renonciation
de la Couronne au droit de taxer les colonies, mais il en était
d'autres, comme celle de la Pensylvanie, où ce droit était
formellement retenu [2]. D'ailleurs, ces chartes étaient des concessions révocables. La Cour du Banc du Roi avait annulé
celle de Virginie en 1624, et la Cour de chancellerie, en 1674,
celle du Massachussets [3]. Les libertés dont les colons se
prévalaient étaient des grâces et n'existaient que dans la
mesure où les voulaient souffrir le Roi et le Parlement d'Angleterre. Cependant un parti nombreux repoussait ces conclusions. « Quand deux pays, disait Pitt, son chef, sont liés
« comme l'Angleterre et ses colonies, sans être incorporés
« ensemble, il faut qu'il y en ait un qui gouverne. Le plus
« grand gouverne le moindre, mais de façon à ne point rui-

1. Voy. LABOULAYE, t. I, p. 261.
2. *Ibid.*, p. 307.
3. Noton, t. I.

« ner *les principes fondamentaux qui sont communs à tous*
« *deux.* » Pitt faisait allusion à la maxime : taxation et représentation sont inséparables[1], et, répondant à ces paroles de
lord Grenville : « Je ne puis voir aucune différence entre les
« taxes intérieures et les taxes extérieures » — « si l'orateur,
« ajoutait-il, ne comprend pas la différence entre les taxes
« intérieures et extérieures, je n'y puis que faire : il est trop
« évident qu'il y a une distinction entre les droits imposés
« pour régler le commerce dans l'intérêt commun, et des
« impôts mis pour lever un revenu. » Et il finissait son discours en disant : « oui, nous pouvons lier le commerce des
« colonies, limiter leur industrie et exercer tous les pouvoirs,
« hormis un seul : nous ne pouvons pas prendre leur argent
« dans leur poche sans leur aveu[2].

Deux influences se partageaient donc le Parlement anglais :
elles dirigèrent successivement sa politique. En votant l'acte
du timbre, le Parlement avait proclamé le droit de taxer les
colons sans limites ni restrictions ; en votant son rappel,
il affirma cependant sa suprématie et bientôt l'exerça en
maintenant le droit sur le thé contre la résistance unanime
des colonies. C'était une taxe *extérieure !* Tout le monde
était d'accord pour concéder au Parlement le droit de l'établir. L'opposition, réunie autour de lord Chatham, attaqua,
sans relâche, l'impôt sur le thé comme impolitique : elle
n'en contesta jamais la légitimité : « Si les Américains, disait
« Chatham, veulent se dégager des lois de commerce et de
« navigation, ils ne trouveront pas d'adversaires plus déclarés

1. Lord Campden disait à la Chambre des lords, en demandant le rappel de
l'acte de timbre : « Taxation et représentation sont jointes d'une façon insé-
« parable ; il n'y a pas de Parlement anglais qui puisse les séparer. Essayer
« de le faire, c'est nous frapper au cœur. » LABOULAYE, t. I, p. 117.
2. PITKIN, I, 211. Cité par LABOULAYE, t. I, p. 115 et suiv.

« que moi, tout Américain que je suis. Il faut qu'ils soient
« subordonnés. Dans toutes les lois de commerce et de
« navigation, l'Angleterre est la mère patrie, les Américains
« sont les enfants; c'est à eux d'obéir, à nous de com-
« mander[1]. »

Mais tandis que la politique du Parlement s'arrêtait à ce
principe, que si les taxes intérieures devaient être consenties par les législatures des colonies, il était du droit du
Parlement d'imposer des taxes extérieures, la logique américaine s'emparait des arguments de lord Grenville et disait à
son tour: la distinction entre les deux catégories de taxes
n'a pas de fondement. Mais c'était pour formuler une conclusion toute différente et dénier d'une façon absolue au
Parlement anglais le droit de disposer à un titre quelconque de la propriété d'un citoyen américain.

Il ne suffisait plus, dès lors, de s'appuyer sur les droits du
citoyen anglais et d'invoquer les dispositions des chartes ori-
ginaires; il fallait s'élever plus haut et prendre la défense
du droit des colonies, non plus au nom d'un privilége concédé, mais au nom de la raison et de la justice univer-
selles.

C'est ce que fit James Otis. Dans un pamphlet célèbre
intitulé: *les Droits des colonies anglaises,* il en appelait moins
aux chartes de la Couronne qu'à « la grande charte qu'a
« donnée à la race humaine le tout-puissant monarque de
« l'univers. Les colons sont des hommes, disait-il, ils sont
« donc libres... Un jour peut venir où le Parlement déclarera
« nulle et de nul effet toute charte américaine, mais ce jour-
« là les droits des colons comme hommes et comme citoyens,
« ces droits naturels, inhérents à leur qualité, inséparables

1. Lord MAHON, t. I, p. 301. Cité par LABOULAYE, t. I, p. 159 et suiv.

« de leurs têtes, ne seront pas atteints. Périssent les chartes,
« ces droits dureront jusqu'à la fin du monde... » Et plus
loin : « la distinction des taxes extérieures et intérieures n'a
« point de fondement. Si le Parlement peut taxer notre
« commerce, il peut taxer nos terres, établir la dîme, établir
« le timbre..... Les impôts sont inconciliables avec les droits
« des colons comme sujets anglais et comme *hommes*[1].» La
philosophie politique de la Révolution est, pour la première
fois, clairement et éloquemment formulée dans cet écrit,
qui fit scandale en Angleterre. Il n'entre pas dans le plan
de cette étude de rappeler les événements qui précédèrent la
guerre de l'Indépendance, ni de refaire, même rapidement,
l'histoire de cette lutte; nous ne voulons relever que deux
faits qui, dans le triomphe de la cause américaine, sont le
triomphe du principe que les colonies défendaient.

La déclaration d'indépendance du 4 juillet 1776 contient,
parmi l'énumération des griefs des colonies, les tentatives
faites pour soumettre l'Amérique à des taxes votées par le
Parlement anglais.

« Il (le roi) a combiné ses efforts avec *d'autres personnes*[2]
pour nous soumettre à une juridiction étrangère à *notre*
constitution et non reconnue par *nos* lois, en donnant sa
sanction à leurs actes de *prétendue législation*.... pour inter-
cepter et détruire notre commerce; pour imposer sur nous
des taxes sans notre consentement. »

Et l'indépendance est proclamée par le Congrès au nom
de ces principes : « que tous les hommes ont été créés
« égaux; qu'ils ont été doués par le Créateur de certains
« droits inaliénables; que parmi ces droits on doit placer au

---

1. Le texte est cité par LABOULAYE, t. I, p. 86 et suiv.
2. Le Parlement anglais.

« premier rang la vie, la liberté et la recherche du bonheur. »
Voilà le droit du contribuable dépouillé de la forme historique que l'esprit anglais lui avait donnée; il a pris une
forme rationnelle; il est devenu le droit que l'homme reven-
dique au nom de la raison.

Et, d'autre part, il est si vrai que le motif réel de la Révolution, ce fut ce droit de ne payer que l'impôt consenti
qu'au cours de la lutte, alors que ces États nés de la veille
se hâtaient de se donner une organisation politique, le *Bill
des droits*, qui figure en tête de chacune de ces constitutions, contient cette déclaration de principe que nous empruntons à la constitution de la Pensylvanie :

« Art. VIII. — Chaque membre de la société a le droit
d'être protégé par elle dans la jouissance de sa vie, de sa
liberté et de sa propriété; il est par conséquent obligé de
contribuer pour sa part aux frais de cette protection, de
donner, lorsqu'il est nécessaire, son service personnel ou un
équivalent. *Mais aucune partie de la propriété d'un homme
ne peut lui être enlevée avec justice ni appliquée aux usages
publics sans son propre consentement ou celui de ses représentants légitimes[1].* »

Le principe du libre consentement de l'impôt, affirmé
dans ses effets et rectifié dans son origine : voilà la part de
l'Amérique dans l'histoire du *droit du contribuable*.

## II

On sait qu'en Amérique le principe de la division du
pouvoir législatif en deux Chambres a prévalu dans les
constitutions des États particuliers comme dans la consti-

---

1. Constitution de Pensylvanie, 28 sept. 1776. Chapitre I<sup>er</sup> : Déclaration
expositive des droits des habitants de l'État de Pensylvanie, art. VIII.

tution fédérale. En principe, le partage est égal entre les deux assemblées; toutes deux ont l'initiative; chacune a le droit d'amendement et le droit de rejet sur les propositions qui lui sont adressées par l'autre. Rien jusqu'ici qui ne soit la reproduction du mécanisme législatif anglais; mais après avoir adopté la règle, fallait-il également adopter l'exception, et, copiant jusqu'au bout le Parlement britannique, poser le principe constitutionnel qui donne à la Chambre basse un droit prépondérant dans la préparation et le vote des lois de finance en refusant à la haute Chambre et l'initiative et le droit d'amendement? Tel est le problème qui se posait aux États américains.

A première vue, plusieurs raisons pouvaient faire hésiter sur la solution. Les habitudes du peuple, la tradition des gouvernements coloniaux, l'exemple d'un pays dont on venait de secouer l'autorité, mais qui restait puissant sur les mœurs, disposaient à l'adoption des règles du droit public anglais.

Mais la raison de cette règle, c'était le caractère de cette haute Chambre qui n'était point une émanation de la volonté populaire. En Amérique, point de noblesse; il n'y avait d'héréditaire que la liberté. La Chambre haute n'avait pas ses racines dans un passé féodal, mais bien dans le peuple dont elle était, comme la Chambre basse, une représentation. On venait de proclamer bien haut le principe que le pouvoir de taxer était dans la représentation du peuple: ne fallait-il pas, dès lors, donner au Sénat dans ce pouvoir une part égale à celle que de tout temps la Chambre des représentants avait eue? Ne convenait-il pas tout au moins, si l'on persistait à refuser à la haute Chambre le droit d'initiative, de lui reconnaître sur les lois de finance comme sur les autres un droit d'amendement?

Dans l'examen des solutions différentes que l'Amérique a données à ces questions, une place à part doit être faite à la constitution fédérale.

« Tous les bills de revenus, porte ce texte, doivent prendre « naissance dans la Chambre des représentants. »

Mais le Sénat peut y apporter des amendements comme « à tous autres bills[1]. »

Ainsi, le droit de priorité reste attribué à la Chambre : mais le Sénat exerce le droit d'amendement. Ce mécanisme se justifie par l'origine différente de la Chambre et du Sénat fédéral, par l'organisation et le rôle de chacune de ces assemblées.

La Chambre est l'émanation directe du suffrage populaire ; ses membres représentent la population[2].

Le Sénat représente les États confédérés. Le plus petit d'entre eux, comme le plus grand, y dispose de deux siéges. Il n'est point nommé par le suffrage direct : c'est, dans chaque État, la législature qui désigne les sénateurs. Ils sont donc élus par le suffrage à deux degrés, et les électeurs secondaires sont un corps permanent dont la situation exclut toute idée de mandat impératif.

La Chambre est nommée pour deux ans. La durée du mandat de sénateur est de six ans. Le Sénat aura donc un esprit de suite qui fera défaut à la Chambre basse ; celle-ci reflétera les variations de l'opinion.

Tel est le Parlement américain. Nous connaissons l'instrument : voyons quelle est l'œuvre financière qu'il doit accomplir.

« Le Congrès a le droit, dit le texte de la constitution, d'é- « tablir et lever des taxes, droits, impôts et accises ; de payer

1. Constitution fédérale, art. 1er, section VII, § 1.
2. Art. 1er, sect. II, §§ 1 et 3.

« les dettes et pourvoir à la dépense commune et au bien-
« être général des États-Unis ; mais tous droits, impôts
« ou accises seront uniformes dans toute l'étendue des
« États-Unis ; de faire des emprunts au nom des États-
« Unis ; de régler le commerce avec les nations étrangères,
« les tribus indiennes et d'État à État[1]. »

Et la section IX dispose :

« § 4. Aucune capitation ni autre taxe directe ne pourra
« être imposée, si ce n'est en proportion du recensement ou
« dénombrement ci-dessus ordonné. »

Ainsi, l'impôt direct frappe immédiatement l'individu, non
l'État. Le contribuable, ici, c'est le citoyen américain ; son
représentant siége à la Chambre, non au Sénat. Ce rapport,
la constitution elle-même l'indique dans son article II.

§ 1. « Les représentants, ainsi que les taxes directes,
« seront répartis entre les différents États qui feront partie
« de l'Union, selon le nombre des habitan's. »

L'impôt indirect pèse sur le consommateur, c'est-à-dire
sur l'individu. S'il se plaint, qui parlera pour lui ? Son représentant est à la Chambre. Le représentant est le mandataire
des individus ; le sénateur est le mandataire des États.

Il fallait donc, en matière de taxation, donner à la Chambre
un pouvoir prépondérant.

Mais, pour atteindre ce but, il suffisait de lui donner
l'initiative, la priorité. C'est une prérogative plus importante
qu'il ne semble au premier abord. Un fait accompli est souvent une puissante raison politique : on hésitera toujours à
rejeter une loi votée par l'une des branches du pouvoir
législatif ; souvent, par crainte d'un conflit, l'on aimera mieux
céder que lutter. La pratique parlementaire donne ainsi au

---

[1] Art. 1er, sect. viii, §§ 1, 2 et 3.

droit de priorité une importance qu'en théorie on est tenté de lui refuser, et qui, dans la réalité des choses, assure à la Chambre qui possède ce droit, une prépondérance certaine.

D'autre part, les finances d'un grand État veulent être conduites et administrées avec suite. Une Chambre qui paraît et n'est plus ne peut assumer ce rôle. Il faut aussi dans le cas, si fréquent aujourd'hui, où un emprunt est nécessaire, des garanties aux capitalistes ; on ne prête pas à une assemblée mobile et éphémère.

Enfin, et cette raison est spéciale à l'Amérique, il faut faire une part à l'influence des États là où l'on a recours à leur pouvoir. Il n'y a point, aux États-Unis, d'administration nationale ; chaque État fournit ses officiers aux services d'intérêt général. On conçoit dès lors que les États qui sont appelés à répartir et à lever l'impôt soient consultés sur cet impôt dans la personne de leurs mandataires.

Il fallait donc, tout en maintenant à la Chambre des représentants une certaine prépondérance dans les questions d'impôt, donner une part d'autorité aussi large que possible au Sénat fédéral.

Lui donner le seul droit de rejet comme à la Chambre des lords, était insuffisant : il aurait été trop facile à la Chambre de forcer la main au Sénat. En lui donnant le droit d'amender les bills de levée d'impôt qui lui seraient adressés par les représentants, on proportionnait l'influence des deux branches du Parlement à leur rôle respectif et, dans la pratique des affaires, on appliquait l'idée que la vraie politique consiste en transactions.

Dans les États particuliers, les deux Chambres ont au contraire une origine unique : la souveraineté populaire. Fallait-il, en raison de ce caractère, les admettre au partage égal du pouvoir de taxer? Les constitutions d'État se sont prononcées diversement sur cette question : cette diversité s'explique par l'autorité de la constitution fédérale, par les traditions de chaque État et le progrès des idées démocratiques. Il est nécessaire, avant d'arriver aux textes et à leurs dispositions, d'exposer brièvement et ces traditions et cette progression dans le sens de la démocratie.

### § I

Au moment où la Révolution éclatait, les gouvernements coloniaux étaient tous, sauf celui de Pensylvanie, organisés sur le même modèle: un gouverneur, un conseil ou Chambre haute, une Chambre des représentants. La réunion de ces trois pouvoirs constituait ce que dans le langage constitutionnel on appelait l'Assemblée générale, ou la Cour générale. La Cour générale avait le pouvoir législatif; chacune de ses branches l'exerçait, sous le consentement des deux autres; le pouvoir exécutif appartenait au gouverneur; il dirigeait l'administration de la colonie avec l'aide du conseil. Tel était, dans ses traits principaux, le régime politique sous lequel vivaient les colonies américaines; c'était, dit fort justement M. Laboulaye, « la copie de l'organisation anglaise et le modèle futur de l'organisation fédérale ».

Mais quelle était l'origine de ces trois pouvoirs qu'on rencontre dans chaque constitution coloniale? Pour répondre à cette question, il faut, avec Blackstone et Story, distinguer les colonies qui étaient des provinces royales, de celles qui constituaient un fief dans les mains d'une famille, ou qui avaient reçu la personnalité civile d'une charte de la Couronne.

Le premier de ces groupes comprend, en 1776, sept colonies. Le seul pouvoir qui, dans leur organisation, émane du peuple, c'est la Chambre basse. Le gouverneur et la haute Chambre ou conseil sont nommés par la Couronne.

Le gouverneur est un vice-roi; il est le chef de l'administration et de la justice; il nomme les officiers, il a le droit de grâce.

Le conseil est composé de membres qui peuvent être destitués par la Couronne, suspendus pour motifs suffisants par le gouverneur. Il est entièrement dans la main du roi.

Toute loi doit être consentie par le conseil et par le gouverneur; la Couronne a de plus un droit de *veto* sur les résolutions de la cour générale.

Trois colonies ont conservé des seigneurs propriétaires dans la famille desquels la souveraineté se transmet héréditairement. Ce sont le Maryland, la Pensylvanie et le Delaware [1]. Le propriétaire, vassal de la Couronne, est roi dans son domaine [2]. Comme le roi d'Angleterre, il a un droit de contrôle sur les décisions de l'assemblée générale; il nomme le gouverneur et le conseil législatif; la Chambre des représentants, seule, est élue par les colons.

Enfin, trois colonies ont un gouvernement fondé sur une charte et qui place le suffrage populaire à la base de tous les pouvoirs, ou tout au moins, des deux assemblées.

Le Massachusetts a un gouverneur royal. Mais le conseil

1. La Pensylvanie et le Delaware sont la propriété de la même famille, celle de William Penn.

2. *Regalis potestas in omnibus.* C'était la formule dont au XIIIe siècle Bracton se servait pour caractériser le pouvoir des comtes palatins. A l'époque où se fondèrent les colonies anglaises en Amérique, le seul comté qui existât encore était celui de Durham, tombé entre les mains des évêques et devenu propriété de mainmorte. C'est à la loi de ce comté qu'on emprunta la formule des concessions féodales faites par le roi en Amérique. Voy. LABOULAYE, t. I, p. 398.

est élu par la cour générale, composée du gouverneur, du conseil sortant et des représentants.

Dans le Connecticut et dans Rhode-Island, la cour générale est appelée à élire le conseil et le gouverneur.

Le conseil, toujours peu nombreux, est donc le produit d'un suffrage mixte au second et au troisième degré, et les électeurs du troisième degré, qui concourent au vote avec les électeurs secondaires, sont les membres mêmes du corps qu'il s'agit de renouveler. Un tel conseil n'a qu'un rapport éloigné avec le contribuable et le représente bien imparfaitement.

Ainsi, partout il semble que la Chambre des représentants ait dû revendiquer pour elle seule la connaissance des lois de finance, et ne laisser au conseil, comme au gouverneur, qu'un droit de rejet, un *veto*. L'exemple respecté des institutions anglaises favorisait encore cette solution, qui fut, en effet, partout consacrée.

Telle était la tradition des gouvernements coloniaux. Au lendemain de la Révolution, les premières constitutions que se donnèrent les États, reproduisirent pour la plupart, l'ancienne règle constitutionnelle : ce fut notamment le cas pour New-Jersey, les Carolines, la Virginie, le Maryland. Ce dernier texte est particulièrement intéressant par le soin qu'il apporte à réglementer la matière et l'exactitude avec laquelle il copie, jusque dans ses détails, le mécanisme anglais.

Ainsi, la Chambre des délégués a le droit de priorité dans la préparation et le vote des *bills for raising revenue* (section X).

Mais il lui est interdit de joindre à un bill de cette nature une disposition étrangère à son objet (section XI).

Les bills qui seront faits uniquement dans le but de réglementer le commerce, ceux qui infligeront des amendes pour réformer les mœurs, ou mieux assurer l'exécution des lois ne seront pas compris dans la dénomination de *bills for raising revenue*. « Mais tous bills pour asseoir, lever, *approprier* des taxes destinées au maintien du gouvernement ou aux dépenses ordinaires de l'État seront véritablement regardés comme *bills for raising revenue*. » (Même section.)

Enfin, notre texte dispose expressément que le Sénat n'aura pas le droit d'amender les bills de finance, qu'il devra se borner à les consentir ou à les rejeter purement et simplement (section XXII).

§ II.

C'est d'après le système électoral et ses variations que l'on peut juger si le principe démocratique gagne ou perd du terrain chez un peuple. Le droit de suffrage accordé à tout citoyen majeur, sous la seule condition d'une courte résidence dans la circonscription électorale; le droit pour le peuple de choisir ses mandataires parmi tous les citoyens, ou tout au moins, dans une classe très-large de citoyens; la fréquence des élections et la courte durée des mandats législatifs : tel est le type d'une démocratie pure, et pour que ce type soit complétement réalisé, il faut que ces principes aient été appliqués, dans une large mesure au moins, aussi bien à la formation de la Chambre haute qu'à celle de la Chambre des représentants. Mais plus la composition des deux branches du pouvoir législatif sera analogue, plus il sera rationnel de faire au Sénat une part dans la connaissance des lois d'impôt; il est même un point où il semble qu'il faille l'admettre au partage égal du pouvoir de taxer et effacer toute différence entre les lois d'impôt et les autres mesures d'intérêt général.

Il est facile de s'assurer par un exemple du sens dans lequel l'Amérique a marché depuis la Révolution. Nous l'emprunterons encore à l'histoire constitutionnelle du Maryland.

Aux termes de la Constitution du 3 novembre 1776, les sénateurs sont élus par le suffrage à deux degrés.

Les électeurs secondaires sont nommés à cet effet par les électeurs de la Chambre des délégués, à raison de deux électeurs par comté. Le droit de suffrage appartient à tout homme libre, âgé de 21 ans, ayant dans le comté une franche tenure de cinquante acres de terre, ou résidant dans le comté depuis un an au moins, et possédant une fortune de 30 livres au moins, en capital.

Ces électeurs secondaires ne peuvent porter leur choix que sur les citoyens réunissant les conditions suivantes : 25 ans d'âge, 3 ans de résidence dans l'État, une fortune évaluée à 1,000 livres en capital.

La Constitution de 1867 dispose que le Sénat sera nommé par le suffrage direct de tous les citoyens âgés de 21 ans, qui ont un an de résidence dans l'État et six mois dans le comté, parmi les citoyens âgés de 25 ans, qui auront résidé dans l'État depuis trois ans, et depuis un an dans le comté.

Et le Maryland est l'un des États où l'esprit aristocratique est le plus vivant dans la société ; ses habitants descendent des cavaliers, et se souviennent de leur origine.

Voici sur le droit de suffrage, et sur les conditions d'éligibilité l'analyse des constitutions américaines actuelles [1].

I. *Droit de suffrage.* Le droit de suffrage, qui s'exerce

---

[1]. On pensera peut-être qu'il eût suffi de mettre en regard les conditions d'éligibilité aux deux Chambres. Mais la progression des lois d'éligibilité aux deux Chambres vers l'unité est un mouvement parallèle à l'extension du droit de suffrage ; ce sont deux signes d'une même tendance.

toujours directement, qu'il s'agisse des élections à la Chambre, au Sénat, ou même de la nomination du gouverneur, requiert deux conditions absolument générales : la qualité de citoyen américain, l'âge de 21 ans.

Il exige de plus, la condition du domicile dans l'État et dans la circonscription électorale, prolongé, en général, pendant un certain temps.

Il est quelquefois subordonné à des conditions particulières, comme de payer une taxe d'État ou de comté, — ou de savoir lire, — ou de prêter un serment. Le seul État de Rhode-Island impose encore une condition de cens.

1. *Domicile dans l'État.* Le seul fait d'être domicilié dans l'État, sans condition de durée, suffit pour conférer la qualité d'électeur dans l'État de Nebraska. Dans tous les autres États, il faut une résidence qui varie de 1 mois à 2 ans.

3 mois. — Maine, Michigan ;
4 mois. — Minnesota ;
6 mois. — Alabama, Arkansas, Californie, Géorgie, Indiana, Iowa, Kansas, Mississipi, Nevada, Orégon ;
1 an. — Les deux Carolines, Connecticut, Delaware, Floride, Illinois, Louisiane, Maryland, Massachussets, Missouri, New-Jersey, New-York, Ohio, Pensylvanie, Rhode-Island, Tennessee, Texas, Vermont, Virginie, West-Virginia, Wisconsin ;
2 ans. — Kentucky.

2. *Domicile dans la circonscription, comté ou district.*

8 jours suffisent dans le Michigan ;
10 jours — dans la Louisiane, Minnesota, Pensylvanie ;
30 jours — dans la Californie, Caroline du Nord, Delaware, Géorgie, Kansas, Mississipi, Nevada, Ohio ;

60 jours suffisent dans la Caroline du Sud, Iowa, Missouri,
    West-Virginia ;
3 mois suffisent dans Alabama, Illinois, Virginie ;
4 mois     —    dans le New-York ;
5 mois     —    dans le New-Jersey ;
6 mois     —    dans Connecticut, Floride, Maryland,
    Massachussets, Rhode-Island, Tennessee, Texas ;
1 an suffit dans le Kentucky.

3. *Conditions spéciales.* Le Minnesota et l'Oregon exigent un an de résidence dans les États-Unis.

Le paiement d'une taxe est requis, et par conséquent les indigents sont exclus du droit de suffrage dans les États suivants : Delaware, Maine, Massachussets, New-Hampshire, West-Virginia.

La prestation d'un serment est exigée par les Constitutions de Connecticut, de la Floride et du Vermont.

Enfin, il faut savoir lire et écrire pour être électeur dans l'État de Missouri. Cette disposition a été mise en vigueur le 1er janvier 1876. Elle existait depuis 1857 dans la Constitution du Massachussets. La loi du Connecticut se borne à exiger qu'on puisse lire quelques articles de la Constitution.

II. *Conditions d'éligibilité.* Dans quelques États, il suffit pour être éligible aux deux Chambres de la qualité d'électeur ; aucune condition autre que celle du droit de suffrage n'est exigée. Ces États sont les suivants : Connecticut, Floride, Kansas, Michigan, Nebraska, Nevada, New-York, Rhode-Island, Virginie.

En général, les Constitutions américaines exigent, outre la qualité d'électeur dans le district où l'on se porte candidat : 1° une résidence plus longue dans l'État et dans le district. Ces deux conditions ne sont pas, toutefois, toujours cumulativement exigées ; l'une peut être requise sans l'autre ; 2° pour le Sénat, un âge plus élevé. Pour les membres de la Chambre des représentants, l'âge requis est celui de 21 ans, sauf dans deux États, le Missouri et le Delaware où cet âge est de 24 ans. Les sénateurs, au contraire, doivent avoir, suivant les Constitutions, de 21 à 30 ans;

21 ans dans la Californie, le Mississipi, l'Orégon, l'Ohio;
25 ans dans les États qui suivent : Arkansas, Caroline du Nord, Caroline du Sud, Géorgie, Illinois, Indiana, Iowa, Maine, Maryland, Mississipi, Pensylvanie, Texas;
27 ans dans l'Alabama et le Delaware;
30 ans dans le New-Hampshire, le New-Jersey, le Missouri, le Tennessee, le Vermont.

La condition de résidence est très-diversement réglée. Comme il importe, au point de vue de notre étude, de toujours comparer la loi d'éligibilité du Sénat avec celle de la Chambre, nous plaçons en regard de la résidence exigée pour l'éligibilité au Sénat, celle que l'on exige pour la Chambre des représentants :

### 1. Domicile dans l'État.

| ÉLIGIBILITÉ AU SÉNAT. | | ÉLIGIBILITÉ À LA CHAMBRE. |
|---|---|---|
| | Arkansas . . . . . . . . | Un an. |
| | Caroline du Sud . . . . | Id. |
| Un an | Iowa . . . . , . . . . | Id. |
| de domicile. | Maine . . . . . . . . | Id. |
| | Minnesota . . . . . . . | Id. |
| | Mississipi . . . . . . . | Néant. |
| | Wisconsin. . . . . . . . | Un an. |
| | Alabama . . . . . . : . | Néant. |
| | Caroline du Nord. . . . | Id. |
| Deux ans | Géorgie. . . . . . . . . | Un an. |
| de domicile. | Indiana . . . . . . . . | Néant. |
| | Vermont . . . . . . . | Deux ans. |

| ÉLIGIBILITÉ AU SÉNAT. | | ÉLIGIBILITÉ À LA CHAMBRE. |
|---|---|---|
| Trois ans de domicile. | Delaware . . . . . . . . . | Trois ans. |
| | Maryland . . . . . . . . | Id. |
| | Missouri . . . . . . . . | Deux ans. |
| | Tennessee . . . . . . . | Trois ans. |
| | Texas . . . . . . . . . | Deux ans. |
| Quatre ans de domicile. | Pensylvanie . . . . . . | Trois ans. |
| Cinq ans de domicile. | Illinois . . . . . . . . | Cinq ans. |
| | Massachussets . . . . . | Un an. |
| Six ans de domicile. | Kentucky . . . . . . . | Deux ans. |
| Sept ans de domicile. | New-Hampshire . . . . | Deux ans. |

## 2. Domicile dans la circonscription.

| | | |
|---|---|---|
| Deux mois de domicile. | Iowa . . . . . . . . . | Deux mois. |
| Trois mois de domicile. | Caroline du Sud . . . . | Trois mois. |
| | Maine . . . . . . . . . | Id. |
| Six mois de domicile. | Minnesota . . . . . . . | Six mois. |
| Un an de domicile. | Alabama . . . . . . . | Néant. |
| | Californie . . . . . . . | Id. |
| | Caroline du Nord . . . | Un an. |
| | Delaware . . . . . . . | Id. |
| | Géorgie . . . . . . . | Six mois. |
| | Indiana . . . . . . . | Un an. |
| | Kentucky . . . . . . . | Id. |
| | Maryland . . . . . . . | Id. |
| | Missouri . . . . . . . | Id. |
| | New-Jersey . . . . . . | Id. |
| | Ohio . . . . . . . . . | Id. |
| | Orégon . . . . . . . | Id. |
| | Pensylvanie . . . . . . | Id. |
| | Tennessee . . . . . . . | Id. |
| | Texas . . . . . . . . . | Id. |
| | Vermont . . . . . . . | Id. |
| | West-Virginia . . . . . | Id. |

| ÉLIGIBILITÉ AU SÉNAT. | | ÉLIGIBILITÉ A LA CHAMBRE. |
| --- | --- | --- |
| Deux ans de domicile. | Illinois . . . . . . . . . | Deux ans. |

Certains États exigent en outre des conditions particulières ; la Constitution du Maine, que l'on soit depuis cinq ans au moins en possession de la qualité de citoyen américain ; le New-Hampshire, que l'on fasse profession de la religion protestante. Comme Rhode-Island a maintenu un cens électoral, le Massachussets a maintenu un cens d'éligibilité : tout sénateur doit posséder une franche tenure de 300 livres sterling ou une fortune mobilière évaluée en capital à 300 livres sterling, tout représentant une franche tenure de la valeur de 100 livres, ou une fortune mobilière de 200 livres sterling. Le Delaware a maintenu un cens d'éligibilité pour les sénateurs seuls : ils doivent posséder 300 acres de terre ou un capital de 100 livres sterling.

En résumé, dans la plupart des Constitutions américaines, la loi d'éligibilité au Sénat se confond avec la loi d'éligibilité à la Chambre ou du moins s'en écarte très-peu.

Et, si l'on compare les Constitutions où cette similitude s'accuse le plus nettement avec celles où le droit de suffrage est accordé dans la mesure la plus large, on s'aperçoit que les mêmes États sont le siége de ce double phénomène politique.

Ainsi l'esprit démocratique tend à donner à la première Chambre la même origine, la même composition qu'à la seconde.

Et de l'identité d'origine à l'égalité complète d'attributions, la logique veut que l'on conclue un jour.

## § III.

Deux règles se partagent aujourd'hui les constitutions américaines.

La première, empruntée à la Constitution fédérale, maintient à la Chambre des représentants le droit de priorité en matière de *bill for raising revenue*[1], mais donne au Sénat le droit d'amender ces bills;

La seconde rejette toute différence entre les lois d'impôt et les actes législatifs et admet également la Chambre haute et la Chambre des représentants au plein exercice du droit de taxer.

La Chambre a conservé le droit de priorité dans les États suivants :

| | | |
|---|---|---|
| Alabama . . . . | Constitution de 1868, | art. IV, § 15. |
| Arkansas . . . . | — | 1868, art. V, § 19. |
| Caroline du Sud . | — | 1868, art. II, § 18. |
| Delaware . . . . | — | 1831, art. II, § 14. |
| Géorgie. . . . . | — | 1868, art. III, § 2, al. 6°. |
| Indiana. . . . . | — | 1851, art. IV, § 17. |
| Kentucky . . . . | — | 1850, art. II, § 30. |
| Louisiane. . . . | — | 1868, titre II, art. XLIII. |
| Maine . . . . . | — | 1820, 3° part, art. IV, § 9. |
| Massachussets . . | — | 1780, 2° part., ch. 1, sect. 2, art. VII. |
| Minnesota. . . . | — | 1857, art. IV, § 12. |
| New-Hampshire . | — | 1792, 2° part., § 18. |
| New-Jersey . . . | — | 1844, art. IV, sect. 6, § 1. |
| Orégon. . . . . | — | 1857, art. IV, § 18. |
| Pensylvanie. . . | — | 1838, art. I, sect. 1, § 21. |
| Vermont . . . . | — | 1777-1793; amendement du 6 janvier 1836, art. III. |

Dans toutes les autres Constitutions, tout bill, même d'impôt, peut prendre naissance dans chacune des Chambres, être

---

1. Bills de levée d'impôt.

amendé ou rejeté par l'autre. Telle est la disposition des textes constitutionnels suivants:

| Californie. . . . | Constitution de 1849-1862, art. IV, § 16. |
| Caroline du Nord [1] | — 1808, art. II, § 16. |
| Connecticut [2] . . | — 1818. |
| Floride. . . . . | — 1868, art. IV, § 19. |
| Illinois. . . . . | — 1870, art. IV, § 13. |
| Iowa. . . . . . | — 1857, art. III, § 15. |
| Kansas. . . . . | — 1859, art. II, § 12. |
| Maryland . . . . | — 1867, art. III, § 27. |
| Michigan . . . . | — 1850, art. IV, § 13. |
| Mississipi. . . . | — 1868, art. IV, § 23. |
| Missouri . . . . | — 1865, art. IV, § 23. |
| Nebraska . . . . | — 1867-1871, art. II, § 18. |
| Nevada. . . . . | — 1844, art. IV, § 16. |
| New-York . . . | — 1846-1867, art III, § 13. |
| Ohio. . . . . . | — 1851, art. II, § 15. |
| Rhode-Island . . | — 1842, art. IV, § 14. |
| Tennessee . . . | — 1870, art. II, § 17. |
| Texas . . . . . | — 1869, art. III, § 24. |
| Virginie . . . . | — 1870, art. V, § 9. |
| West-Virginia . . | — 1861-1872, art. VI, § 28. |
| Wisconsin . . . | — 1848, art. IV, § 19. |

Il est aisé de voir que le principe du partage égal du pouvoir de taxer entre les deux Chambres, principe nouveau qui a été appliqué pour la première fois en Amérique et a triomphé dans 21 États sur les 37 qui composent l'Union Américaine, coïncide, en règle générale, avec le plus grand développement de l'esprit et des institutions de la démocratie.

---

1. Les bills de levée d'impôt doivent être consentis par les deux tiers des membres de chaque Chambre.

2. Cette Constitution est muette sur notre question ; mais la solution découle du principe que le pouvoir législatif se partage entre les deux Chambres.

Dans un admirable discours prononcé en 1775 au Parlement anglais, Burke caractérisait en ces termes les institutions et les mœurs des colonies américaines:

« Il sont dévoués non-seulement à la liberté, mais à la
« liberté suivant les idées anglaises, à la liberté fondée sur
« les principes anglais.

« La liberté abstraite, comme bien d'autres abstractions,
« ne se trouve nulle part. La liberté s'attache à quelque
« objet sensible: chaque nation s'est choisi un objet favori
« qui est devenu pour elle et par excellence l'idéal du bonheur.

« En Angleterre et dès les premiers temps, les grandes
« luttes pour la liberté ont porté principalement sur la ques-
« tion de l'impôt. Dans les Républiques anciennes, la plupart
« des contestations roulaient sur le droit d'élire les magis-
« trats, ou sur la balance à maintenir entre les divers ordres
« de l'État. La question d'argent les touchait moins. Mais, en
« Angleterre, il en fut autrement; cette question de l'impôt
« a exercé les plumes les plus habiles et les langues les
« plus éloquentes: pour elle, ont agi, ont souffert les plus
« grands cœurs. . . . . . . . . . . . . . . . . . . . . . . . . .

. . . . . . . . . . . . . . . . . . . . . . . . . . . . . . .

« Les colonies ont reçu de vous, avec le sang, ces idées et
« ces principes. Leur amour de la liberté s'est, comme chez
« vous, fixé, attaché à ce point spécial de l'impôt. La liberté
« pouvait être respectée ou mise en danger de vingt autres
« côtés, sans leur causer de joie ni d'inquiétude: c'est là
« qu'était pour elles le *pouls de la liberté* et, suivant qu'il
« battait, elles se trouvaient malades ou bien portantes[1]. »

C'était parler avec la profondeur de l'homme d'État et l'éloquence du génie. Mais cette liberté anglaise que l'Amé-

---

1. BURKE, *Speech on conciliation with America*, 22 mars 1775.

rique maintenait avec un soin aussi jaloux que la mère patrie, elle était appelée à lui donner un fondement nouveau et une forme nouvelle. L'esprit démocratique est l'ouvrier de cette transformation.

Car, où il règne, le droit est moins fondé sur l'histoire que sur la nature humaine et sur la raison ;

Où il se répand, la division du pouvoir législatif en deux branches cesse d'être le moyen de faire une part à certaines influences, à certains intérêts, pour devenir un simple mécanisme législatif qui protége la liberté contre l'omnipotence. Tel le foyer lumineux dont les rayons concentrés aveuglent, et éclairent quand ils sont divisés.

Au lieu de protéger le contribuable par un privilége parlementaire de la Chambre qui le représente, l'Amérique a fait qu'il fût représenté dans les deux Chambres ;

Donnant aux démocraties ce remarquable enseignement, qu'il faut fonder la liberté non sur le privilége constitutionnel d'une Chambre, mais sur la commune origine des deux.

# CHAPITRE III

## La prérogative de la chambre des Députés sous les deux Chartes et sous la Constitution de 1875.

On peut suivre en France le principe du libre consentement de l'impôt jusqu'aux origines mêmes de nos institutions; on le retrouve, au cours de notre histoire, fréquemment invoqué, appliqué quelquefois; mais, dût-il en coûter à l'orgueil national, il faut avouer qu'il s'offre à l'historien impartial bien plus comme une tradition respectable, mais peu respectée, comme un souvenir et un regret, que comme une règle de droit toujours maintenue contre les usurpations de la Couronne. Les événements ont fait de la France une nation qui, jusqu'au moment où elle donna le signal de l'émancipation universelle des peuples, a plus tenu à l'unité et à la puissance sous la forte main de ses rois qu'à la liberté et au droit de s'administrer elle-même. L'histoire des États généraux, si on la parcourt pour y retrouver les traces du libre vote de l'impôt dans l'ancienne France, confirme pleinement ce point de vue : nous allons l'esquisser à grands traits avant de relever notre principe dans les premiers actes des Assemblées révolutionnaires et d'en suivre les développements parlementaires sous la Restauration et la monarchie de Juillet.

## I

Ces assemblées de tous les hommes libres, réunies pour délibérer sur les intérêts de la nation, que nous avons trou-

vées à l'origine première des institutions parlementaires anglaises, ont dû se réunir aussi sur la terre gauloise : l'absence
à peu près complète de documents ne permet guère que des
conjectures sur le caractère, le rôle, la fréquence de ces
réunions; ce que l'on sait de plus certain, c'est que la conquête, qui dut les modifier profondément, ne les détruisit
pas et qu'elles devinrent un des rouages de l'administration
impériale.

Elles siégeaient sous le nom de *conventus*, de *commune
concilium*, réglaient l'assiette et la répartition de l'impôt,
exprimaient des vœux que des délégués allaient porter aux
pieds de l'empereur, et jouissaient, d'une façon générale, d'attributions consultatives. Les Germains apportèrent avec eux
les mêmes coutumes, plus vivaces et plus primitives; « ainsi,
« dit M. Picot, les couches successives qui constituèrent le
« sol de la France renfermaient dans leur sein le germe des
« institutions libres[1]. » L'idée de la représentation populaire
était, nous l'avons déjà fait observer plus haut, absente de ces
institutions; comme le fait remarquer M. Guizot, « ces réu-
« nions n'étaient formées qu'au nom du droit de chaque
« homme libre de disposer seul de lui-même »[2]. Comme
en Angleterre, leur caractère d'universalité disparut petit à
petit; mais plus qu'en Angleterre, leur part au gouvernement et à l'administration se restreignit. Elles tendent, déjà
sous les Mérovingiens — et cette tendance s'accentue nettement sous Charlemagne — à devenir de grands conseils
de gouvernement, des corps purement consultatifs. Sous
Louis le Débonnaire et Charles le Chauve, les *placita*, tou-

---

1. *Histoire des États généraux considérés au point de vue de leur influence sur le gouvernement de la France*, t. I, p. 5.

2. GUIZOT, *Histoire des origines du gouvernement représentatif*, 20ᵉ leçon,
I, p. 263.

jours réunis, deviennent, sous l'influence de l'esprit féodal, un élément de dissolution pour la société centralisée, reconstruite par Charlemagne; ils disparaissent avec elle après avoir hâté sa chute. Pendant toute la période qui s'écoule jusqu'à Philippe-Auguste et saint Louis, les seules assemblées qui subsistent sont les cours féodales.

Avec Philippe-Auguste et saint Louis, on entre dans une période nouvelle et la monarchie, en associant la nation à sa politique et à son administration, prépare les voies au retour des principes de liberté. L'un et l'autre prirent fréquemment dans leurs grands actes d'administration, le conseil de leurs *bonnes villes;* les préambules des ordonnances de saint Louis en font foi [1]. Il n'y a point là la reconnaissance d'un droit; il n'y a que le fait de princes prudents et habiles, soucieux d'être soutenus par le sentiment national et éclairés sur l'état de leur royaume. Philippe le Bel, en convoquant en 1302 les premiers États généraux — on sait dans quelles circonstances — n'avait pas d'autre pensée que de trouver dans la nation un appui nécessaire à sa politique. La réunion des États fut un des moyens favoris de ce prince; la lutte du roi contre le pape provoqua ceux de 1302 et de 1303; les entreprises de Philippe contre l'ordre des Templiers, ceux de 1308. Avec ceux de 1314, réunis pour aviser aux moyens de poursuivre la guerre de Flandre, la question financière fut placée au premier rang des préoccupations du roi et des délibérations des États. L'Assemblée déféra docilement aux demandes du roi et vota une aide extraordinaire: le roi s'empressa de créer, sous le couvert du consentement des États

1. Préambule d'une ordonnance de 1263 prescrivant pour les monnaies seigneuriales un type différent de celui en usage pour les monnaies royales; cette mesure fut prise sur l'avis des bourgeois de Paris, de Provins, d'Orléans, de Laon et de Sens. — Voy. Picot, *Hist. des États généraux,* I, p. 19.

qui n'avaient point précisé la nature du subside accordé, une taxe de six deniers par livre sur les marchandises[1]. C'est ainsi qu'apparaissait dans notre histoire le principe du vote de l'impôt : il serait prématuré de l'appeler le vote *libre*.

C'est sous Philippe de Valois, aux États de 1338, que nous trouvons ce principe proclamé pour la première fois[2]. Au témoignage de Nicole Gilles[3], Louis le Hutin aurait reconnu, pour lui et pour ses successeurs, l'obligation de ne lever aucun impôt sans le consentement des trois États, appelés à voter librement les taxes, à en surveiller la répartition et l'emploi. Cette déclaration royale aurait été solennellement confirmée par Philippe de Valois, en 1338 :

« Environ ce temps en ensuyvant le privilége de Loys
« le Hutin, roy de France et de Navarre, fut conclud par les
« gens des Estats de France, présent ledit roy Philippe de
« Valois qui si accorda, que l'on ne pourroit imposer ne
« lever taille en France sur le peuple si urgente nécessité ou
« évidente utilité ne leur requéroit et *de l'octroy des gens*
« *des Estats.* »

Ce récit, qu'aucun document ne permet de contrôler, est-il de tous points digne de créance ? M. Picot[4] l'admet par des motifs très-fondés. Que Louis le Hutin ait fait la déclaration rapportée par Nicole Gilles, cela est fort vraisemblable en présence de divers articles de chartes provinciales, émanées du même prince et qui contiennent des déclarations

---

1. Voy. Picot, *Hist. des États généraux*, I, p. 26.

2. Une assemblée des États fut tenue en 1321 à Poitiers : fut-elle réunie sur l'appel interjeté aux États généraux d'une ordonnance prescrivant la levée d'un impôt ? M. Picot (p. 28) fait observer que le fait serait unique dans notre histoire et met avec raison cette opinion en doute.

3. Chroniqueur, mort en 1503. Il publia en 1492 ses *Annales de France*, auxquelles nous empruntons le passage cité au texte.

4. *Ibid*, I, p. 29.

analogues [1] : que dans l'Assemblée des États de 1338, Philippe de Valois ait renouvelé les promesses de son prédécesseur et la reconnaissance du droit des États, cela est bien probable, puisque le souvenir de cet acte se retrouve, en 1576, dans les cahiers des députés du clergé aux États de Blois, demandant au roi de renouveler l'ordonnance faite aux États du temps « de Philippe de Valois, qui portait qu'il ne « serait fait aucun impôt sur ses sujets sans leur consente- « ment [2] ». On conçoit d'ailleurs qu'en 1338, l'autorité des États ait été assez grande pour imposer de telles concessions à la royauté : n'avaient-ils pas été, à deux reprises différentes, appelés à trancher la question de la succession au trône et de l'indépendance nationale, et n'était-ce pas d'eux que les Valois tenaient leur couronne [3] ? Quoi qu'il en soit, les nombreuses réunions des États généraux pendant la guerre de Cent ans prouvent que notre principe ne resta pas lettre morte : à la faveur de la détresse de la royauté, les députés mirent la main sur l'administration des finances. L'ordonnance rendue à la suite des États de 1355 confie l'administration du trésor à neuf « generaulx superintendenz », choisis par les trois ordres dans leur propre sein, la perception des aides à des élus, désignés par les États; elle contient la promesse solennelle du roi de ne rien détourner des subsides votés pour les frais de guerre, pour son usage personnel, ses plaisirs, ses largesses, et l'injonction aux membres de la famille royale, aux grands officiers de la couronne,

1. Charte accordée à la Normandie, art. 4; Charte accordée à l'Auvergne, art. 19. Voy. Picot, *loc. cit.*

2. Cahiers du clergé, art. 429.

3. L'Assemblée de 1317 reconnut le principe de l'hérédité de la couronne de mâle en mâle (loi salique) et appela au trône Philippe le Long; l'Assemblée de 1329 eut à juger les prétentions d'Édouard III à l'hérédité du royaume et proclama Philippe de Valois.

de s'engager par serment sur les Évangiles à une promesse semblable. C'était sous cette forme que se posait, au xivᵉ siècle, la question de la spécialité des crédits qui devait remplir plus tard les débats financiers du parlement de la Restauration. Enfin, il devait être rendu compte aux États du produit des impôts et du montant des dépenses [1]. Le principe de l'impôt consenti, appliqué dans les réformes que tentaient les États, était à cette époque défendu par la nation. En 1380, le bruit se répandit dans Paris qu'à son lit de mort, Charles V avait révoqué les aides : le peuple en masse se porta au palais pour apprendre la confirmation de la nouvelle : le chancelier de Dormans dut paraître et annoncer à la foule les concessions faites par le roi défunt. L'agitation ne s'apaisa que le 16 novembre au vu d'une ordonnance abolissant toutes les impositions créées depuis Philippe le Bel. Cette concession faite, il s'agissait de la retirer adroitement. Les oncles du jeune roi ne s'y ménagèrent pas, négociant avec l'Hôtel-de-Ville, réunissant les notables : ceux-ci finirent par accorder, en mai 1381, un droit de douze deniers par livre sur toutes les marchandises. On tenta d'abord de lever cette taxe dans les villes de province et l'on n'y put parvenir : à Paris, on ne s'y résolut qu'à la dernière extrémité, après avoir épuisé tous les moyens de conciliation, et une formidable insurrection fut la réponse du peuple à l'impôt illégalement perçu [2]. Elle fut écrasée, et la royauté reprit ouvertement les concessions faites, dans des moments de péril, au droit populaire : par ordonnance du 21 janvier 1382, les aides et gabelles furent rétablies d'autorité [3].

Les désastres de la fin du règne de Charles VI obligèrent

1. Voy. Picot, t. I, p. 118.
2. Émeute des Maillotins, 1ᵉʳ mars 1381.
3. Picot, t. I, p. 213.

bientôt la couronne à des concessions nouvelles : jusqu'au milieu du règne de Charles VII, les États purent agir en véritables maîtres de la fortune publique. En mai 1427, les États du Languedoc avaient fini, sur les pressantes instances du roi, par voter un subside de 150,000 livres. Le comté de Foix leva de sa propre autorité une somme de 22,000 livres en plus de celle accordée par les États. La province protesta et envoya des députés au roi pour lui remontrer que « de tout « temps ils estoient en telle liberté et franchise, qu'aucune « ayde ou taille ne doit de par le roy estre sur eux imposée, « à quelque cause que ce soit sans premièrement appeler à « ce et faire assembler le conseil ou les desputés des trois « Estats ». Charles VII accueillit leur réclamation et suspendit la perception de la surtaxe [1].

En présence de la royauté victorieuse, le langage et l'attitude des États changèrent. Il serait injuste d'attribuer ces résultats au manque de fermeté des députés : la nécessité du temps était un pouvoir fort et les États le sentaient si bien que c'est à eux que la royauté dut ses deux plus fermes appuis : l'armée permanente et l'impôt permanent. C'est dans les cahiers des États d'Orléans que furent puisées les dispositions de la célèbre ordonnance du 2 novembre 1439. Qui s'en plaignit ? la noblesse seule qui, après une vaine tentative de rébellion [2], s'assembla à Nevers, en 1441, et revendiqua, sous le prétexte du bien public, le droit de voter l'impôt. Cette résistance d'un seul ordre, entreprise en réalité au nom de priviléges odieux à la nation, justifie amplement la conduite du tiers état : peut-être cependant n'avait-il pas prévu qu'il venait d'abdiquer entre les mains de la royauté et qu'aux

1. Picot, t. I, p. 310.
2. La Praguerie.

remontrances de l'assemblée de Nevers le roi répondrait :
« n'est jà nul besoin d'assembler les trois Estats pour mettre
« sus lesdites tailles[1] ». Cette abdication implicite des États
entre les mains de Charles VII fut renouvelée expressément
entre celles de Louis XI, à l'Assemblée de 1467 : convoquée
pour déchirer le traité de Conflans qui cédait la Normandie
au duc de Berry, Charles de France, elle répondit docilement
aux demandes du roi, déclarant « sans nulle contrariété ou
« difficulté quelconque, que, en ce qui touche la duché de
« Normandie, elle ne doit et ne peut être séparée de la
« Couronne en quelque manière que ce soit, mais y est et
« doit être et demeurer unie, annexée et conjointe insépa-
« rablement. » Les résolutions adoptées par les députés se
terminaient ainsi :

« Outre plus ont conclu les États et sont fermes et déter-
« minés que si Monsieur Charles, le duc de Bretagne ou
« autres faisaient guerre au roi notre souverain seigneur,
« ou qu'ils eussent traité ou adhérence avec ses ennemis,
« que le roi doit procéder contre ceux qui ainsi le feroient,
« ainsi que par raison et justice et selon les anciens statuts
« et ordonnances du royaume faire se doit en tel cas pour
« la tranquillité et sûreté du royaume. — Et dès maintenant
« pour lors et dès lors pour maintenant, toutes les fois que
« lesdits cas écherroient, iceux des États ont accordé et
« consenti, accordent et consentent que le roi sans attendre
« autre assemblée, ne congrégation des États, pour ce que
« aisément ils ne se peuvent pas assembler, y puisse faire
« tout ce que ordre de justice le porte ; promettant et accor-
« dant tous iceux États de servir et aider le roi touchant
« ces matières, et en ce lui obéir de tout leur pouvoir et
« puissance, et de vivre et mourir avec lui en celte que-
« relle[2]. »

« Voilà », dit M. Picot, qui rapporte ce texte, « comment

1. PICOT, t. I, p. 338.
2. *Ibid.*, t. I, p. 319.

« la nation oubliait tous ses droits en présence du souve-
« rain qui flattait ses traditions. » C'était, en effet, donner à
la royauté une sorte de blanc seing général pour toutes les
mesures, financières ou autres, que semblerait exiger la
politique royale.

Ces droits abandonnés en 1467, la mémorable assemblée
de 1483 les ressaisit. Les députés affirmèrent leur droit de
contrôle en exigeant la production des comptes de recettes
et de dépenses; leur droit de voter librement l'impôt en le
fixant à 1,200,000 livres au lieu des 1,500,000 livres deman-
dées par la Couronne; en déclarant que l'impôt était un libre
octroi. des trois États du royaume; enfin, en requérant la
réunion périodique des États, de deux ans en deux ans, pour
consentir les taxes et en fixer le quantum. Les députés sti-
pulaient en outre que l'impôt serait également réparti entre
les provinces et que la perception et la répartition se feraient
sous la surveillance des délégués des États. Tout ce que la
Couronne put obtenir, ce fut le vote, pour la première année,
d'une somme de 300,000 livres, destinée aux dépenses du
sacre de Charles VIII. Ces résolutions furent consignées dans
un cahier spécial dont le texte est rapporté par M. Picot,
d'après le journal de Masselin [1] :

« Et pour subvenir aux graves affaires dudit seigneur,
« tenir son royaume en seureté, payer et soudayer ses gens
« d'armes et subvenir à ses autres affaires, *les trois estats*
« *luy octroyent, par manière de don et octroy et non autre-*
« *ment, et sans ce qu'on l'appelle dores en avant tailles ains*
« *don et octroy,* telle et semblable somme que du temps du
« feu roy Charles septiesme, estoit levée et cueillie en son
« royaume, *et ce pour deux ans, prouchainement venans, tant*

1. Jehan Masselin, chanoine de la cathédrale et official de l'archevêque de
Rouen, était député du bailliage de Rouen. Il nous a conservé un compte
rendu très-complet des travaux de l'Assemblée, auxquels il prit la plus grande
part, comme chef reconnu et orateur du Tiers.

« *seulement et non plus*, pourveu que ladite somme *sera jus-*
« *tement egallée et parties sur tous les pays estans soubz*
« *l'obeissance du roy*, qui en ceste presente assemblée ont
« esté appelez et convoquez.

« Item, et par-dessus ce, lesditz estats, qui desirent le
« bien, honneur, prosperité et augmentacion dudit seigneur
« et de son royaume, et luy obeir et complaire en toutes
« façons et manieres possibles, luy accordent la somme de
« trois cens mille livres tournois, *pour une fois tant seulle-*
« *ment et sans conséquence, et par manière de don et octroy*,
« pour son nouvel et joyeux advenement à la couronne de
« France, et pour ayder et supporter les frais qu'il convient
« faire pour son saint sacre, couronnement et entrée à Paris;
« lesquelles trois cens milles livres tournois seront imposées
« egalement sur toutes les terres et seignouries, estans soubz
« l'obéissance du roy en ses estats appelez, et appaire par
« commission particuliere et expresse, *affin qu'il ne tumbe en*
« *consequence*.

« Item, que le bon plaisir du roy soit que lesditz estatz
« puissent commettre et deleguer aulcuns notables person-
« nages, pour estre presens et assister en l'impost et mes-
« part qui se fera desdictes sommes octroyez comme dessus,
« et que par lesditz deputez et deleguez soit advisé et con-
« clud avec Messeigneurs des finances la façon, sorte et
« maniere de faire les commissions pour mettre sus lesditz
« deniers, et de les faire cueillir ét lever, au soulagement du
« povre peuple, du mieulx que on pourra, car il doit souf-
« fire au roy que ses deniers viennent ens; et doit estre
« bien content que l'on oste les grandes exactions et inhu-
« manitez qui, par cy-devant, ont esté faictes au recouvre-
« ment des sommes qui ont esté mises sus en ce royaume.

« Item, et que ledit impost soit fait et conclud, et les com-
« missions remplies, avant que lesditz estatz departent, affin
« que chacun pays ait sa commission, part, cotte et porcion
« desditz dons et octroy, et voient si on y a riens excedé, et
« si ledit mespart aura esté fait justement et egalement, et
« sache combien chacun pays devra porter.

« Item, et ensuyvant certain article contenu au cayer, qui
« par lesditz estatz a esté leu et monstré au roy et à messei-
« gneurs du conseil, supplient et requierent lesditz estatz que

« le bon plaisir dudit seigneur soit faire tenir et assembler
« lesditz estatz dedens deux ans prouchainement venans, en
« lieu et temps qu'il luy plaira, et que de ceste heure, lesditz
« lieu et temps soient nommez, assignez et déclairez, *car*
« *lesditz estats n'entendent point que dores en avant on miette*
« *sus aucune somme de deniers sans les oppeler, et que ce*
« *soit de leur vouloir et consentement, en gardant et obser-*
« *vant les libertez et previleges de ce royaume*, et que les
« nouvelletez, griefz et mauvaises introductions, qui par cy-
« devant, puis certain temps en ça, ont esté faictes soient
« répairéez; et de ce supplient très-humblement le roy, nostre
« souverain seigneur.

    « Item, et si esditz prouchains estatz les matieres requie-
« rent lors augmentacion, diminucion ou modéracion, tou-
« jours lesditz estatz, comme tres-humbles et tres-obeissans
« subgetz, seront prestz et appareillez d'eulx y employez de
« cueur, corps et biens, voulenté et courage, sans rien y
« espargnier, en façon et maniere que le roy nostre souve-
« rain seigneur aura cause de soy contenter de son bon et
« loyal peuple et de tousjours l'avoir en singuliere amour et
« perpetuelle recommandacion. »

Jamais les députés des États n'ont parlé plus fier langage :
jamais le principe du libre consentement n'a été dans l'ancienne France plus nettement posé, plus complétement développé. Les actes et les paroles étaient dignes de l'assemblée
où l'orateur le plus éloquent de l'époque, Philippe Pot, seigneur de la Roche, n'avait pas craint de professer les principes de souveraineté nationale dont le triomphe devait encore
attendre que trois siècles fussent écoulés. Il ne faut pas
oublier, cependant, les périlleuses circonstances dans lesquelles les États de 1483 avaient été convoqués, l'allégresse
universelle qui suivit la mort de Louis XI, les réclamations
du peuple, les sollicitations des grands, tout un chœur de
revendications et de plaintes qui montait vers le trône où
venait de s'asseoir un enfant de quartorze ans. Réunir les États,
c'était donner « à la réaction naissante le seul aliment qui

« pût affaiblir la tempête ou du moins en régler l'ef-
« fort[1] ». Les députés qui, pour la première fois représentaient la France entière, se sentaient forts: ils agirent en
gens fermes et décidés : qu'en resta-t-il quand l'orage fut
dissipé et la royauté affermie? Charles VIII ne réunit plus
les États généraux et laissa, à sa mort, à 2,200,000 livres, la
taille qu'en 1483 les députés avaient réduite à 1,200,000
livres[2]. Seul, le Languedoc avait obtenu, en mars 1483,
des lettres royales confirmant aux États de la province le
droit exclusif de voter l'impôt.

Les États généraux ne trouvèrent plus jamais la même
énergie d'attitude. En 1560, à Orléans, en 1576 et en 1588
à Blois, leur rôle se borna à négocier avec le roi et les membres du conseil quelque allégement aux charges nouvelles,
présentées comme indispensables. Jamais les États ne parlèrent plus au nom de leur droit; ils se bornèrent à consi-
gner dans les cahiers le timide vœu que l'impôt fût à l'avenir librement consenti par eux.

« Plaise au roi pour l'avenir », dit le cahier de la noblesse
rédigé aux États d'Orléans, « n'imposer nouveaux tributs
« sans avoir au préalable assemblé les trois États généraux,
« spécialement durant la minorité et bas-âge dudit seigneur,
« ainsi qu'anciennement se faisait avant le règne du roi
« Louis XI[3] ». Six mois plus tard, le même vœu est reproduit à Pontoise par la noblesse et par le Tiers[4]. Le conseil
du roi répondit évasivement, protestant que son intention
était plutôt de diminuer les taxes existantes que d'en frapper
de nouvelles. L'ordonnance d'Orléans contient de nombreuses

1. Picot, t. I, p. 338.
2. Ibid., t. I, p. 491.
3. Cahiers de la noblesse, art. 33.
4. Ibid., art. 126; cahiers du Tiers, art. 4.

dispositions sur l'assiette de la taille, les exemptions, la rentrée des aides : sur les 150 articles de l'ordonnance, il n'y en a pas un qui fasse mention du vœu formulé avec tant de persistance à Orléans et à Pontoise. On lit, il est vrai, dans l'article 135, « qu'en toutes assemblées, où se fera octroi de « deniers, les trois Estats s'accorderont de la quote-part et « portion que chacun desdits Estats portera. Et ne le pour- « ront le clergé et la noblesse seuls, comme faisant la plus « grande partie. » Cette disposition de l'ordonnance, la seule qui ait trait à une délibération sur l'impôt, venait répondre aux justes plaintes du Tiers qui souvent se trouvait peu ou point représenté dans les assemblées provinciales des pays d'État. Le clergé et la noblesse qui ne portaient point le fardeau des contributions étaient peu faits pour défendre les intérêts des contribuables. L'ordonnance réformait un abus notoire et assurait une protection plus efficace à ces intérêts ; elle ne reconnaissait pas aux sujets du royaume le droit de se taxer eux-mêmes. Sauf dans le Languedoc, où un senti- ment plus vif des libertés publiques s'était conservé, les as- semblées provinciales étaient des corps dociles à la volonté souveraine, qui se bornaient à émettre des vœux de dégrève- ments, à faire un travail de répartition, à transmettre les plaintes de leurs commettants.

Aux États tenus à Blois en 1576, le clergé et le Tiers sou- levèrent de nouveau la question du libre vote de l'impôt.

« S'il advient », lit-on dans le cahier du clergé, « qu'il « soit besoin de lever subsides sur le peuple et sujets de « Votre Majesté, semble que nulle imposition ne se peut « faire sans assembler lesdits trois États et sans déclarer « les causes et nécessités du roi et du royaume, et que les « gens desdits trois États ne se y consentent, en gardant les « priviléges de chacun pays, et, en ce faisant, lesdits gens « des trois États doivent offrir de subvenir et secourir à la-

« dite nécessité de tout leur pouvoir sans rien épargner, en
« façon que le roi aura cause de se contenter; pense toute-
« fois que ces deux États combien qu'il soit d'accord, ne
« puissent lier le Tiers[1] ».

Ce vœu manquait dans les cahiers de la noblesse, ou-
blieuse du grand exemple qu'elle avait donné à Orléans et à
Pontoise. On cherche en vain la réponse de la royauté dans
l'ordonnance de 1579.

En 1588, c'est l'unanimité des trois ordres qui s'adresse
au roi pour revendiquer le vote libre des subsides : les deux
ordres privilégiés proclament que l'impôt ne peut être établi
que « par l'avis des États et non autrement[2] » ; le Tiers répète cette maxime et déclare que tout citoyen doit avoir le
droit de résister à une levée de taxes arbitrairement imposées :

« Où il sera fait aucune levée, pour quelque cause que ce
« soit, sans le consentement des États généraux, soit permis
« aux communautés de s'opposer; et jusqu'à ce que l'oppo-
« sition soit levée aux États généraux, soit ladite levée sur-
« sise[3]. »

De plus, le clergé et la noblesse réclament la transformation des pays d'élection en pays d'État, la constitution et la
tenue régulière dans chaque province d'assemblées appelées
à consentir et à vérifier l'impôt[4]. La guerre civile emporta vœux et projets de réforme; la royauté en sortit plus
forte de tout l'ascendant d'un prince victorieux et populaire.
Les derniers États généraux convoqués avant la Révolution française — ceux de 1614 — eurent, comme les précédents, à s'occuper de questions financières, à proposer des

1. Cahiers du clergé, art. 429.
2. Ibid., art. 218; cahiers de la noblesse, art. 233.
3. Cahiers du Tiers, art. 233, 224.
4. Cahiers du clergé, art. 231, 136; cahiers de la noblesse, art. 161, 164.

réformes, à rechercher et à prévenir des abus : on cherche
vainement dans leurs cahiers le rappel du principe si fréquemment proclamé par les Assemblées dont nous venons
d'esquisser les actes. Une autre doctrine tendait de plus en
plus à prévaloir : celle de la toute-puissance royale. Cette
ruine de la vraie garantie des libertés publiques fut l'objet
de justes regrets dans la partie la plus intelligente de la nation. Sully la rappelle avec amertume : « François I<sup>er</sup> laissa
« en instruction et en pratique à ses successeurs de ne re-
« quérir plus le consentement des peuples pour obtenir des
« secours et des assistances d'eux : ains de les ordonner de
« pleine puissance et autorité royale, sans alléguer d'autre
« cause ni raison que celle du *tel est notre bon plaisir* [1] ».
Le XVII<sup>e</sup> siècle chargeait, de cette violation d'une règle qu'on
aimait à se représenter comme une loi fondamentale du
royaume, la mémoire de François I<sup>er</sup>, comme le XVI<sup>e</sup> siècle,
celle de Louis XI, et le XV<sup>e</sup>, celles de Charles V et de Charles VII : malédictions stériles, qui n'empêchèrent pas le pouvoir de Louis XIV de s'établir si absolu et si incontesté
qu'il parut un pouvoir de droit et qu'on formula en maximes
politiques un despotisme jusqu'alors inconnu.

En présence de ce droit souverain, délégué par Dieu
même à son terrestre représentant, de disposer des biens et
de la vie de tous les sujets du royaume, qu'était la résistance d'un corps qui défendait par occasion la cause des
libertés publiques, quand elle pouvait servir de prétexte honorable pour la défense d'intérêts personnels ? Le Parlement
ne pouvait parler avec autorité au nom de la nation : le droit
de refuser l'enregistrement des édits n'était que l'ombre
vaine d'un droit qu'un ordre du conseil ou un lit de justice

---

1. *Économies royales*, t. VIII.

pouvaient effacer. L'origine des conflits entre le Parlement
et le pouvoir royal est souvent, en apparence, dans quelque
édit financier; la cause réelle est dans les ambitions ou les
rancunes de la compagnie. Il faut arriver au grand réveil de
1789 pour trouver le vote libre de l'impôt proclamé comme
le droit des représentants de la nation.

Les cahiers des trois ordres sont unanimes pour revendiquer, comme le droit des États, la participation à la puissance gouvernementale, au moins en ce qui touche le vote de
l'impôt et la reddition des comptes. Le 17 juin, l'Assemblée
nationale se constitue et le même jour elle rend le décret
suivant :

« L'Assemblée nationale, considérant que le premier
« usage qu'elle doit faire du pouvoir dont la nation recouvre
« l'exercice, sous les auspices d'un monarque qui, jugeant
« la véritable gloire des rois, a mis la sienne à reconnaître
« les droits de son peuple, est d'assurer pendant la durée de
« la présente session la force de l'administration publique;
« voulant prévenir les difficultés qui pourraient traverser la
« perception et l'acquit des contributions, difficultés d'au-
« tant plus dignes d'une attention sérieuse qu'elles auraient
« pour base un *principe constitutionnel et à jamais sacré,*
« *authentiquement reconnu par le Roi et solennellement pro-*
« *clamé par toutes les Assemblées de la nation,* principe qui
« s'oppose à toute levée de deniers de contributions dans le
« royaume, *sans le consentement formel des représentants de*
« *la nation;* considérant qu'en effet les contributions, telles
« qu'elles se perçoivent actuellement dans le royaume,
« n'ayant point été consenties par la nation, *sont toutes illé-*
« *gales,* et par conséquent nulles dans leur création, exten-
« sion ou prorogation;
« Déclare à l'unanimité des suffrages consentir provi-
« soirement pour la nation que les impôts et contributions,
« *quoique illégalement perçus,* continuent d'être levés de la
« même manière qu'ils l'ont été précédemment, et ce jusqu'au

« jour seulement de la première séparation de cette Assem-
« blée, de quelque cause qu'elle puisse provenir; passé le-
« quel jour, l'Assemblée nationale entend et décrète que toute
« levée d'impôts et contributions de toute nature, qui n'au-
« raient pas été nommément, formellement et librement
« accordés par l'Assemblée, cessera dans toutes les provinces
« du royaume.... »

Mais la couronne elle-même ne défendait plus sa prérogative, et dans la séance du 23 juin 1789, cette séance célèbre
où la royauté essaya de faire rétrograder la Révolution, *la déclaration des intentions du roi,* lue aux trois ordres assem-
blés, débutait ainsi :

« ARTICLE PREMIER. — Aucun nouvel impôt ne sera
« établi, aucun ancien ne sera prorogé au delà du terme fixé
« par la loi, sans le consentement des représentants de la
« nation.

« ART. 2. — Les impositions nouvelles qui seront établies
« ou les anciennes qui seront prorogées ne le seront que pour
« l'intervalle qui devra s'écouler jusqu'à l'époque de la tenue
« suivante des États généraux. »

Le principe du libre vote de l'impôt était désormais à
jamais établi en France, plus certes par la ferme volonté de
l'Assemblée que par les concessions de la volonté royale. Il
figure, à partir de ce moment, dans presque tous nos actes
constitutionnels : dans la déclaration des droits de l'homme et
du citoyen et la Constitution de 1791 [1]; dans la déclaration
des droits et la Constitution de 1793 [2]; dans la déclaration
et la Constitution du 5 fructidor an III [3].

1. Déclaration des droits de l'homme et du citoyen, art. 14; Constitution
française des 3-14 septembre 1791, t. III, ch. III, sect. Ire, art. Ier; t. IV,
art. Ier.

2. Déclaration des droits de l'homme et du citoyen, art. 20; Constitution
française du 21 juillet 1793, art. 53, 54, 55.

3. Déclaration des droits et des devoirs de l'homme et du citoyen, art. 16
(droits); Constitution du 5 fructidor an III, art. 86, 95, 161, 162, 302, 903.

La Constitution de l'an VIII vient interrompre cette série.
Elle dispose simplement que « le Gouvernement dirige les
« recettes et les dépenses de l'État conformément à la loi
« annuelle qui détermine le montant des unes et des
« autres [1]. Le ministre des finances et du Trésor public
« assure les recettes, ordonne les mouvements de fonds et
« les paiements autorisés par la loi. Il ne peut rien faire
« qu'en vertu : 1° d'une loi et jusqu'à concurrence des fonds
« qu'elle a déterminés pour un genre de dépenses; 2° d'un
« arrêté du Gouvernement; 3° d'un mandat signé par un mi-
« nistre [2] ». Sous l'Empire, il devint plus vrai que jamais que
le Gouvernement « dirigeait » les dépenses : un Corps législatif incapable par son origine de représenter fortement la
volonté du pays, muet de par sa constitution, votait docilement, tous les ans, un budget de huit à neuf cents millions
de francs que des « arrêtés du Gouvernement » répartissaient
selon le bon plaisir de l'Empereur entre les divers services.
Les « genres de dépenses » déterminées par la loi de finances étaient, en effet, des genres très-larges, très-compréhen-
sifs : le-budget de 1806, par exemple, prévoit un total de
dépenses de 894,240,859 fr., distribuées sous *dix-huit* ru-
briques dont le montant varie entre 10 et 230 millions [3]. Il
est permis de dire, en présence de tels faits, que du vote libre
de l'impôt, comme des autres libertés nationales, l'Empire
n'avait laissé subsister qu'une simple apparence. Cette apparence même ne fut pas constamment respectée et le Sénat
s'en aperçut.... en 1814 : dans le sénatus-consulte du 3 avril,
qui prononça la déchéance de Napoléon, figure en première
ligne l'accusation d'avoir violé le pacte constitutionnel « en

1. Art. 45.
2. Art. 56.
3. Loi relative au budget de l'État, du 24 avril 1806.

« levant des impôts, en établissant des taxes autrement
« qu'en vertu de la loi[1] ».

Aussi la *Constitution française* des 6-9 avril 1814 déclarait-
elle expressément : « Aucun impôt ne peut être établi ni
« perçu s'il n'a été *librement consenti* par le Corps législatif
« et le Sénat[2]. »

L'article 48 de la Charte octroyée formulait le même principe[3], et le premier ministre des finances de la Restauration, le baron Louis, eut l'honneur de l'appliquer d'une façon
vraiment libérale et parlementaire. Il présenta un budget
divisé en départements ministériels, et accompagné de tableaux indiquant, pour chaque département, la répartition
probable des dépenses. « En vous occupant des budgets de
« l'État », dit-il dans la séance du 24 juillet 1814, « votre
« première fonction sera de reconnaitre la nature et l'étendue
« de ses besoins et d'en fixer les limites; votre attention se
« portera ensuite sur la fixation des moyens qui devront être
« établis et employés pour y faire face; » — il ajouta en
présentant les tableaux de répartition : « Sous la garantie
« de la responsabilité ministérielle, les impôts recevront
« une application conforme au vœu qui les a fait établir[4]. »
Spécialité par ministère; répartition effective, sauf les besoins imprévus, des crédits, d'après un programme présenté
aux Chambres : responsabilité ministérielle dans les cas où
l'emploi réel des fonds serait différent de l'emploi annoncé;

---

1. Allusion aux décrets : 1° du 11 novembre 1813, portant imposition de
taxes nouvelles et augmentation des anciennes; 2° du 25 janvier 1814, dou-
blant le principal des contributions directes.

2. Art. 15.

3. Art. 48 : Aucun impôt ne peut être établi ni perçu s'il n'a été consenti
par les deux Chambres et sanctionné par le roi.

4. DUVERGIER DE HAURANNE, *Histoire du Gouvernement parlementaire en
France*, t. II, p. 277 et suiv.

tel était le régime inauguré par le baron Louis. La Chambre
était plus timide que le ministre, et si quelques députés[1]
trouvaient que la latitude laissée aux ministres était trop
considérable, la majorité tendait plutôt à penser que la
Chambre avait le droit de voter l'impôt, mais non de régler
les dépenses. Le rapporteur de la commission se fit l'écho
de cette opinion : après avoir déclaré « que désormais la
« somme des dépenses telle qu'elle serait votée par la
« Chambre devait faire la loi des ministres », il ajoutait :
« En nous exprimant ainsi, nous n'entendons pas que les
« ministres soient tenus de suivre servilement la lettre de
« leurs budgets particuliers, mais qu'ils ne peuvent en dé-
« passer les allocations générales[2]. » — Quel que fût le peu
d'empressement de la Chambre à entrer dans la voie que lui
ouvrait le ministre des finances, deux points semblaient du
moins acquis, la Chambre pouvait connaître des dépenses,
sinon les régler souverainement et connaître aussi des voies
et moyens. On partait désormais de ce principe qu'il n'est
point pour un État de revenu fixe et qu'il est des dépenses
nécessaires; que le règlement de ces dépenses doit précéder
le vote des voies et moyens, que le pouvoir parlementaire
doit intervenir dans l'un et dans l'autre[3]. — C'était un progrès immense dans le sens du vote éclairé et libre.

Le 20 mars survint sur ces entrefaites, et un mois après
parut l'acte additionnel aux Constitutions de l'Empire. La
matière y était abondamment réglée, avec le soin qu'apporte
un gouvernement arbitraire à faire oublier son passé lorsqu'il se résigne à devenir constitutionnel. « L'impôt général
direct, portait l'article 34, « soit foncier, soit mobilier,

1. MM. Labbey de Pompierre et Flaugergues.
2. Duv. de Hauranne, t. II, p. 279.
3. *Ibid.*, t. II, p. 278.

« n'est voté que pour un an. — Aucun impôt direct ou indi-
« rect, stipulait l'article 35, en argent ou en nature ne peut
« être perçu, aucun emprunt ne peut avoir lieu, aucune
« inscription de créance au grand-livre de la dette publique
« ne peut être faite, aucun domaine ne peut être aliéné, ni
« échangé, *aucune levée d'hommes* pour l'armée ne peut être
« ordonnée... qu'en vertu d'une loi. » — On ne pouvait ni
mieux dire, ni plus promettre; on n'eut pas le temps de
tenir... C'est devant la *Chambre introuvable* que fut présenté
le budget de 1816.

Elle était animée d'un tout autre esprit que celle de
1814 : très-jalouse de ses droits en matière de finance, elle
toucha à toutes les parties du projet du Gouvernement.

Des députés[1] soutinrent qu'il appartenait à la Chambre
de fixer les traitements, et demandèrent que chaque ministre présentât son budget avec la nomenclature exacte des
emplois, les noms des employés, leurs appointements, les
gratifications touchées; M. de la Bourdonnaie, qui n'était pas
suspect de libéralisme, protesta contre la faculté qu'avait toujours eue le ministre de la police de disposer de certaines
taxes[2]. Sans suivre certains de ses membres dans leurs har-
diesses, la Chambre imposa ses vues au Gouvernement, notamment dans la question des voies et moyens pour liquider

1. MM. Leroux Duchâtelet et Cornet d'Incourt.
2. Sur les jeux, les voitures, les maisons de prostitution et les *journaux*.
M. de la Bourdonnaie demanda que ces impôts fussent renvoyés à l'examen
de la commission du budget qui aurait à se prononcer sur leur maintien. Il
insista vivement pour la taxe sur les journaux et professa une théorie du
gouvernement parlementaire, qui, à cette époque, est faite pour étonner :
« C'est par ce moyen (en soudoyant des journaux), dit-il, qu'on essaie de
« persuader qu'un ministre peut se soutenir sans avoir la majorité dans les
« deux Chambres, comme si le ministère était quelque chose quand il ne
« gouverne pas, comme si gouverner n'était pas diriger, comme si on diri-
« geait sans faire les lois, comme si on faisait les lois avec la minorité dans
« les deux Chambres. » (Dev. de Martignac, t. III, p. 399.)

et solder l'arriéré. Aussi le rapporteur du budget à la Chambre des pairs, le comte Garnier, imbu des traditions impériales, tança vertement MM. les députés : « De ce que « l'impôt doit être consenti par les Chambres, s'ensuit-il « qu'elles aient le droit d'examiner, de contrôler, de régler « l'emploi des deniers publics ? » — Le comte Garnier n'hésitait pas à résoudre cette question en affirmant que les doctrines de la Chambre devaient être regardées « comme l'un « des rameaux de la funeste doctrine de la souveraineté du « peuple », et que toute discussion législative sur l'emploi des deniers publics « serait une infraction aux principes « essentiels de la monarchie [1] ». Il est juste de dire que l'opinion du rapporteur fut vivement contestée et que le droit des Chambres trouva des défenseurs parmi les pairs.

Elle en trouva surtout parmi les députés. La commission chargée d'examiner le budget de 1817 et les comptes des années 1814 et 1815 déclara nettement, par l'organe de M. le comte Roy, que le droit de voter librement l'impôt serait un droit dérisoire s'il n'emportait celui d'apprécier les dépenses : « Les impôts et les subsides ne sont établis que « pour les besoins de l'État et pour ses nécessités indispen-« sables. La conséquence immédiate de ce principe, c'est que « celui qui a le droit de voter l'impôt, mais qui n'en a le « devoir qu'autant qu'il est indispensable, a nécessairement « le droit d'examiner s'il est demandé pour les nécessités de « l'État [2] ». Dans cet esprit, la commission avait voulu que deux rapports distincts fussent présentés à la Chambre, l'un sur les dépenses, l'autre sur les recettes. Cette pratique si utile pour la discussion claire et complète de la loi des finances est due à l'initiative de la Chambre de 1817. Mais

1. Duv. de Haussonville, t. III, p. 411.
2. Ibid., t. IV, p. 104.

la commission voulait plus; elle avait blâmé le ministre de la guerre d'avoir dépassé les crédits qui lui avaient été accordés; elle proposait, en conséquence, plusieurs articles additionnels à la loi des finances pour prévenir le retour des abus qu'elle signalait. Ces articles adoptés devinrent dans la loi de finance du 25 mars 1817, le titre XII, intitulé : *Dispositions sur les comptes à présenter aux Chambres.* En voici l'analyse sommaire :

1° Les comptes présentés par le ministère doivent être *détaillés :* le compte général du budget, par exemple, doit être établi par exercice et par nature de recettes; le compte du trésor royal, celui du produit des contributions directes doivent être développés par département ou par arrondissement ;

2° Les comptes doivent être établis *comparativement :* ceux des recettes, avec les évaluations du budget; ceux des dépenses, avec les crédits particuliers ouverts à chaque chapitre des budgets ministériels;

3° Les comptes doivent être *vérifiés* par la production des ordonnances des ministres et des paiements effectués.

Ces dispositions permettaient à la Chambre de pénétrer, jusque dans ses rouages les plus intimes, le mécanisme des recettes et des dépenses, d'exercer un contrôle sûr et éclairé sur celles-ci, d'établir, d'après celles-là, les voies et moyens des budgets suivants.

4° Les ministres doivent faire, entre les divers chapitres de leurs budgets particuliers, une répartition de l'allocation générale votée par la Chambre. Cette répartition est approuvée par ordonnance du roi rendue avant l'ouverture de l'exercice; elle lie dès lors les ministres qui ne peuvent excéder les crédits ainsi accordés à chaque chapitre qu'en vertu d'une ordonnance du Roi et en raison d'un besoin extraordinaire et urgent. Les ordonnances de cette nature devront être converties en lois à la plus prochaine session des Chambres.

Cette disposition créait une *spécialité par chapitres*, émanant du Gouvernement, sans doute, mais liant le Gouvernement, et légitimant, en cas de non-observation de l'ordonnance de répartition, l'intervention parlementaire.

Il n'est pour ainsi dire pas d'année depuis 1817 où la Chambre n'introduise ou tout au moins ne prépare quelque réforme utile dans notre système financier.

En 1818, la commission des finances demanda que la loi des comptes, jusqu'alors réunie à la loi du budget, fût présentée séparément, au commencement de la session, et qu'une commission de neuf membres fût nommée pour l'examiner. Lorsque M. Beugnot communiqua cette proposition au duc de Richelieu, il en fut épouvanté; jamais, écrivait-il au comte Corvetto, ministre des finances, jamais il n'y consentirait : c'était mettre le gouvernement dans la Chambre! Des membres du centre soutinrent cette doctrine et affirmèrent avec plus ou moins de sincérité que la création de cette commission n'était rien moins que l'institution d'un pouvoir nouveau! M. de Villèle fit observer que c'était partager entre deux commissions le travail fait jusqu'alors par une seule; la Chambre restait indécise dans son royalisme sincère et son inexpérience parlementaire, quand M. Royer-Collard enleva son vote en proposant une rédaction ménageant les susceptibilités du Gouvernement. Une forte majorité adopta la mesure proposée par la commission [1].

En 1819, une amélioration nouvelle fut apportée aux moyens de contrôle. La commission demanda et la Chambre décida que les comptes annuels seraient à l'avenir accompa-

---

1. Duv. de Hauranne, t. IV, p. 345 et suiv.

gnés de l'état de situation des travaux de la Cour des comptes.
MM. Beugnot et Pasquier avaient combattu l'amendement :
on voulait, disaient-ils, évoquer à la Chambre la connaissance
des cahiers d'observations de la Cour des comptes ; on méconn-
naissait le principe de la séparation des pouvoirs. M. Roy,
rapporteur, répondit simplement : « Il s'agit de savoir si la
Chambre usera ou non du droit qu'elle a de s'éclairer sur
l'état des finances », et l'article fut voté à une majorité considérable [1]. En présentant la loi à la Chambre des pairs, le
ministre des finances ne dissimula pas son mécontentement;
M. Garnier n'épargna pas ses critiques, mais il conclut à
l'adoption et la loi fut votée presque à l'unanimité, après
une discussion qui affaiblit singulièrement les observations
du rapporteur [2].

La loi des comptes ramena en 1820 la question de la
spécialité des crédits. La commission croyait insuffisant
l'article 151 de la loi du 25 mars 1817 ; il pouvait d'ailleurs
donner lieu à des interprétations diverses et celle qui était
en faveur auprès du Gouvernement annulait les droits de la
Chambre; d'après cette opinion, l'ordonnance de répartition
ne liait les ministres que vis-à-vis du trône. Elle n'allait pas
cependant jusqu'à demander le *vote* par chapitres; et, s'arrê-
tant à un moyen terme, elle formait le vœu que dans chaque
ministère « il fût fait autant de grandes divisions que pour-
« rait en comporter le bien du service, et que les sommes
« allouées pour chacune de ces grandes divisions ne pussent
« être dépensées que dans les formes et avec les conditions
« établies pour les budgets en masse par les articles 151 et
« 152 de la loi du 25 mars 1817. » C'était le système de

1. Rev. de Hauranne, t. V, p. 130.
2. Ibid., t. V, p. 131.

la *spécialité parlementaire par sections* qui devait prévaloir en 1827. — M. de Chauvelin proposa, à titre d'amendement, à l'article de la commission, le *vote par chapitres*, et l'obligation pour les ministres de se renfermer dans les crédits affectés à chaque chapitre, c'est-à-dire le système de la *spécialité parlementaire par chapitres* que la monarchie de Juillet devait donner au Parlement comme don de joyeux avénement. Le ministère parvint à faire ajourner la discussion : on la renvoya à la loi des dépenses. Deux mois après, cette loi vint en délibération et la question de la spécialité fut encore ajournée, sous le prétexte de ne pas faire violence à la Chambre des pairs qui, vu la nécessité de voter promptement le budget, n'aurait pu examiner les amendements avec une liberté suffisante [1].

Elle reparut en 1822. La Chambre venait de réduire de 210,000 fr. le crédit demandé pour le traitement des préfets. Le ministre était-il tenu, dans la répartition qu'il devait faire de l'allocation votée au département de l'intérieur, d'appliquer cette réduction conformément au vote de la Chambre, ou pouvait-il la faire porter sur d'autres articles du même chapitre, sur d'autres chapitres ? La loi de 1817 semblait lui donner cette faculté et c'était là assurément une preuve saisissante de son insuffisance. C'est ce que firent ressortir MM. Casimir Périer et Chauvelin : si on admet la doctrine du Gouvernement, dirent-ils, les délibérations de la Chambre sur le budget sont une pure plaisanterie. — La Chambre n'avait pas été appelée à se prononcer quand la présentation de deux articles additionnels la mit en demeure. Le premier, présenté par M. Guitard, demandait la spécialité par *articles ;* le second, défendu par M. Devaux, se contentait

---

1. Duv. de Hauranne, t. V, p. 186 et suiv.

de la spécialité par *chapitres*. M. Courvoisier combattit les
deux projets comme inconstitutionnels et tendant à mettre le
gouvernement dans les Chambres. C'était l'argument perpé-
tuel du ministère toutes les fois qu'un projet financier lui
déplaisait, et il faut le dire, ce moyen avait souvent réussi.
M. Royer-Collard en fit justice : « La Chambre, dit-il, ne fait
« qu'une chose : elle donne de l'argent ou elle n'en donne
« pas. Il est très-vrai qu'elle exerce par là sur l'administra-
« tion une influence considérable, qu'elle la gêne, la contra-
« rie, la fait reculer quelquefois, mais tel est son droit et tel
« est son devoir. C'est un des plus hauts intérêts de la
« société et de la monarchie elle-même que la Chambre, héri-
« tière des vieilles libertés de la France, pèse sur l'adminis-
« tration de tout le poids de ce droit immense d'accorder ou
« de refuser les subsides. » M. de Villèle sentit que l'argument
lui échappait cette fois : il changea d'attitude, reconnut que
l'on ne pouvait contester, d'une façon absolue à la Chambre,
le droit de régler la dépense, et se borna à dire qu'il n'était
pas besoin contre le Gouvernement de garanties nouvelles,
qu'il serait temps d'aviser si quelque abus grave se produi-
sait. — La Chambre repoussa les amendements de MM. Guitard et Devaux : c'était encore un ajournement [1].

Le système de la spécialité gagnait cependant du terrain à
chaque session. En 1823, un député de l'extrême droite,
M. Leroux Duchâtelet, proposa la spécialité par chapitres ;
son amendement ne fut pas discuté, aucun membre de la
gauche n'étant là pour le soutenir [2]. En 1827, des députés
qui ne votaient pas d'ordinaire avec l'opposition, se pronon-
cèrent fortement pour la spécialité. Le ministère comprit

---

1. Dév. DE HATRASSE. t. VI, p. 640 et suiv.
2. La gauche avait pris la résolution de ne pas siéger à la suite de l'expul-
sion de Manuel.

qu'il était indispensable de donner satisfaction à une opinion qui gagnait la Chambre entière, et le 1ᵉʳ septembre une ordonnance fut rendue qui admit la spécialité par *sections* demandée en 1820 par la commission du budget. Le préambule exposait le but que le roi se proposait :

« Voulant déterminer avec précision les crédits spéciaux
« dans lesquels nos ministres devront désormais renfermer
« leurs ordonnances, et à cet effet établir dans le budget
« des sections spéciales qui limiteront les dépenses de
« chaque service et serviront de base à nos répartitions an-
« nuelles par chapitres.....; nous avons ordonné et ordonnons
« ce qui suit :

« ARTICLE PREMIER. — A partir de l'exercice de 1820, le
« projet du budget général de l'État présentera distinctement
« l'évaluation des dépenses par la branche principale de
« service, conformément au tableau ci-joint dont la rédaction
« sera arrêtée pour chaque année et soumise à notre appro-
« bation par nos ministres.

« ART. 2. — Les divisions établies au budget des dé-
« penses prendront le titre de sections spéciales; les déve-
« loppements portés dans les états à l'appui continueront
« d'être considérés comme des *subdivisions variables*. »

Le vote parlementaire portait donc non plus sur le total des dépenses d'un ministère, mais sur les dépenses de chaque grande branche de service relevant d'un ministère. En 1828, par exemple, la Chambre, au lieu d'accorder une allocation générale au ministère de l'intérieur, eut à voter des allocations spéciales pour : 1° les dépenses d'administration centrale et de police générale; 2° les ponts et chaussées; 3° les travaux publics; 4° les services divers; 5° les dépenses départementales; 6° les secours[1]. Entre les différents chapitres d'un même service, la répartition continuait à être faite par ordonnance, rendue avant l'ou-

_______
1. Tableau annexé à l'ordonnance du 1ᵉʳ septembre 1827.

verture de l'exercice, et des virements d'un chapitre à l'autre pouvaient toujours être faits sous le couvert d'une ordonnance.

C'est la première loi de finances de la monarchie de Juillet, qui devait remplir le vœu si souvent exprimé à la Chambre de la Restauration et proclamer la spécialité par chapitres. Les articles 11 et 12 de la loi du 29 janvier 1831 disposent en effet :

« ART. 11. — Le budget des dépenses de chaque minis-
« tère sera à l'avenir divisé en chapitres spéciaux ; chaque
« chapitre ne contiendra que des services corrélatifs ou de
« même nature [1].

« ART. 12. — Les sommes affectées par la loi à chacun de
« ces chapitres ne pourront être appliquées à des chapitres
« différents. Toutes dispositions contraires sont abrogées. »

Le principe du vote libre de l'impôt recevait ainsi le développement le plus complet qu'il pût atteindre. Depuis, il a subi les mêmes vicissitudes que le régime parlementaire : le sénatus-consulte du 25 décembre 1852 nous a ramenés à 1814 ; la loi du 16 septembre 1871, à 1831. Il a fallu, dans cet intervalle de dix-neuf années, refaire le chemin parcouru pendant les 16 années de la Restauration.

Le premier budget soumis au Corps législatif de l'Empire avait été voté par chapitre, et les députés avaient fait preuve de trop d'indépendance, au gré du Gouvernement. Le sénatus-consulte du 25 décembre 1852 décida donc que le budget présenté au Corps législatif, avec ses subdivisions

---

1. L'article 11 portait d'abord que chaque chapitre ne contiendrait *qu'une seule nature de service* ; on sentit qu'il y a des services tellement corrélatifs qu'une séparation absolue pourrait nuire à la marche de l'administration ; cette raison a déterminé à adopter la rédaction actuelle.

administratives par chapitres et par articles, serait voté par
*ministère;* que la répartition entre les divers chapitres
d'un ministère serait réglée par un décret rendu en Conseil
d'État; enfin que des décrets spéciaux, rendus dans la même
forme, pourraient autoriser des virements d'un chapitre à
l'autre. — Cette dernière disposition était déclarée applicable au budget de 1853.

En 1861, un sénatus-consulte du 31 décembre vint modifier ce régime et reproduire les prescriptions de l'ordonnance de septembre 1827; le budget des dépenses était
présenté avec ses divisions en ministère, sections, chapitres,
articles; il était voté par *sections;* la répartition par chapitres
continuait à être faite, et les virements d'un chapitre à
l'autre, à être autorisés par décrets. En 1869, la spécialité
du vote par chapitres reparut avec le sénatus-consulte du
8 septembre, corrigée d'ailleurs par la faculté des virements.
Aussi la loi du 16 septembre 1871 prit-elle le soin de se
prononcer expressément sur ce point :

« ART. 30.— Le budget est voté par chapitre; *aucun vire-*
« *ment* de crédit ne peut avoir lieu d'un chapitre à l'autre. »


## II


Le principe qui donne à la Chambre basse un droit prépondérant dans la décision des questions relatives à l'impôt apparaît pour la première fois, en France, en 1789. Mounier et
Lally-Tollendal défendaient à cette époque, à l'Assemblée constituante, un système d'organisation politique emprunté de
l'Angleterre. Dans ce projet de constitution[1], un Sénat et une

1. Ce projet fut présenté et développé par Lally-Tollendal, dans la séance
du 19 août 1789; par Mounier, dans les séances des 28 et 31 août. Voy. sur
ce point DUV. DE HAURANNE, t. I, p. 71 et suiv.

Chambre des députés auraient partagé le pouvoir législatif;
le roi aurait concouru à la confection des lois par le droit de
les sanctionner, ou de leur opposer un *veto* absolu. L'initiative des propositions de loi ne lui appartenait pas; elle était
exclusivement réservée aux deux Chambres; Mounier, en
s'écartant ici de son modèle, avait voulu éviter, ce qu'on
croyait assez généralement autour de lui, un vice de la constitution anglaise. Mais, par exception, les propositions d'impôt devaient être adressées par le roi au Corps législatif, et le
projet de Mounier reproduisait la règle qui attribue à la
Chambre basse un droit de priorité et refuse le droit d'a-
mendement à la haute Chambre. On sait quelles raisons firent rejeter le système : on craignit que le Sénat ne devînt
une représentation spéciale du clergé et de la noblesse[1]; donner
à une Chambre haute, qui aurait été animée d'un esprit anti-
révolutionnaire, et au roi, dont on savait la faiblesse vis-à-vis
de son entourage, un double *veto* sur les décisions de l'Assemblée qui seule aurait représenté la Révolution, c'était
pour cette Révolution un arrêt de mort. La solution que Mounier et Lally avaient défendue dans le comité constitutionnel
et à la tribune de l'Assemblée était repoussée par les circonstances et les nécessités du temps, plus éloquemment que
par les discours des orateurs de la Constituante[2].

Les idées du parti constitutionnel, en 1789, furent recueillies en 1814 par le Sénat impérial. On sait que ce corps,
qui avait été pendant dix ans l'instrument soumis du despo-

1. Le Sénat devait, d'après le projet de Lally, se composer de membres
nommés à vie, choisis par le roi sur une liste de candidats présentés par les
assemblées provinciales.

2. « On se contenta de répondre gravement que « la volonté nationale étant
« une, il serait contradictoire de lui donner deux organes différents ». (Duv.
de Hauranne, t. I, p. 77.)

tisme, se donna, à cette époque, la mission de doter la France des libertés nécessaires, et vota, le 6 avril 1814, une constitution monarchique et parlementaire. Dans l'article 5 de cette constitution, qui, au moment où elle parut, ne satisfit que les sénateurs, on lit :

« Le Roi, le Sénat et le Corps législatif concourent à la formation des lois. — Les projets de loi peuvent être également proposés dans le Sénat et dans le Corps législatif. — *Ceux relatifs aux contributions ne peuvent l'être que dans le Corps législatif.* — Le Roi peut inviter également les deux corps à s'occuper des objets qu'il juge convenables. — La sanction du Roi est nécessaire pour le complément de la loi. »

C'était, comme système politique général, l'exacte reproduction des idées de Mounier et de Lally; l'initiative refusée au roi et réservée aux Chambres, le *veto* absolu, c'est-à-dire les deux caractères distinctifs du plan constitutionnel de 1789 se retrouvent, à 24 ans de distance, dans le projet sénatorial. Il ne faut point s'en étonner; les sénateurs de l'Empire devaient être ramenés à ces doctrines par les circonstances et par leurs souvenirs. On allait avoir une monarchie, et l'on ne pouvait songer à lui imposer la Constitution de 1791; restait le projet de 1789. Qu'avait-on créé depuis, en fait d'institutions libérales, qui pût s'accommoder avec un trône et les Bourbons ?

Mais la prérogative de la Chambre des députés est amoindrie par l'article 5. C'est un simple droit d'initiative, de priorité dans la discussion et dans le vote que cet article lui assure ; le texte est muet sur le droit d'amendement du Sénat en matière financière. Il semble donc que le Sénat ait voulu retenir ce droit, et cette interprétation, très-logique, se justifie encore par les circonstances de l'époque. Le juriste et l'historien s'accorderaient sur cette solution; l'un, disant qu'il s'agit d'une exception à la règle du partage égal du pouvoir législatif entre les deux Chambres, et que dès lors la *strictissima interpretatio* est de rigueur ; l'autre, que le Sénat n'avait songé, dans l'acte du 6 avril, qu'à faire aussi grande que possible sa part de pouvoir et d'influence. Mais il faut plus s'attacher aux traditions des assemblées, à leurs actes, à leurs votes, qu'à l'exégèse juridique des textes et à leur commentaire historique. En face de cette question, la Chambre haute avait-elle le droit d'amender les lois d'impôt sous les deux chartes? A-t-elle ce droit sous la Constitution de 1875? C'est surtout la tradition parlementaire que nous interrogerons.

Cette question se pose aux trois seules époques où la France ait été dotée d'un gouvernement parlementaire : notre étude se divise donc naturellement en trois parties [1].

## § I.

Voici les textes qui, dans la charte des 4-10 juin 1814, contiennent la solution de notre question :

[1]. Notons ici que l'acte additionnel contenait sur notre question des dispositions à peu près identiques à celles de la charte de 1814 :

« ART. 2. Le pouvoir législatif est exercé par l'Empereur et par deux Chambres.

« ART. 23. Le Gouvernement a la proposition de la loi; les Chambres peuvent proposer des amendements : si ces amendements ne sont pas adoptés par le Gouvernement, les Chambres sont tenues de voter sur la loi, telle qu'elle a été proposée.

« ART. 30. Toute proposition d'impôts, d'emprunts et *de levée d'hommes* ne peut être faite qu'à la Chambre des représentants.

« ART. 37. C'est aussi à la Chambre des représentants qu'est porté d'abord 1° le budget général de l'État, contenant l'aperçu des recettes et la proposition des fonds assignés pour l'année à chaque département du ministère; 2° le compte des recettes et dépenses de l'année ou des années précédentes. »

« Art. 15. La puissance législative s'exerce collectivement par le Roi, la Chambre des pairs et la Chambre des députés des départements.

« Art. 16. Le Roi propose la loi.

*Adde :* « Art. 46. Aucun amendement ne peut être fait à une loi s'il n'a été proposé ou consenti par le Roi et s'il n'a été renvoyé et discuté par les bureaux.

« Art. 17. La proposition de la loi est portée, au gré du Roi, à la Chambre des pairs ou à celle des députés, *excepté la loi de l'impôt, qui doit être* adressée d'abord *à la Chambre des députés.*

*Adde :* « Art. 47. La Chambre des députés reçoit toutes les propositions d'impôts ; ce n'est qu'après que ces propositions ont été admises qu'elles peuvent être portées à la Chambre des pairs.

« Art. 18. Toute loi doit être discutée et votée librement par la majorité des deux Chambres.

*Adde :* « Art. 48. Aucun impôt ne peut être établi ni perçu s'il n'a été consenti par les deux Chambres et sanctionné par le Roi.

« Art. 24. La Chambre des pairs est *une* portion essentielle de la puissance législative. »

En somme, la charte, en acceptant l'organisation politique que le Sénat avait formulée dans la Constitution du 6 avril, modifiait très-sensiblement les attributions des différents pouvoirs ; loin d'être exclu de l'initiative des lois, le roi se la réservait entièrement.

En présence de ces textes, il semble impossible de ne pas reconnaître à la Chambre des pairs le droit d'amender les lois d'impôt votées par la Chambre des députés, comme les autres lois.

Les pairs sont, en effet, *une portion essentielle de la puis-*

*sance législative ;* toute loi doit être *discutée et votée librement par eux ;* ces dispositions de la charte leur donnent le droit d'amendement et de rejet sur toutes les lois que le Gouvernement leur présente, qu'elles aient ou non subi l'épreuve d'une première discussion et d'un premier vote à la Chambre des députés. La seule exception que la charte apporte à cette règle, c'est que la loi d'impôt doit être *adressée d'abord* à la Chambre des députés.

L'ordre des présentations aux Chambres, des discussions et des votes, facultatif pour le Gouvernement quand il s'agit d'autres projets de loi, est réglé d'une façon obligatoire en ce qui concerne les lois de finance : telle paraît bien être l'unique signification de l'exception formulée par les articles 17 et 47. Et les annales parlementaires de la Restauration confirment pleinement cette solution. Nous allons exposer brièvement ce qu'elles contiennent sur notre question.

La première session législative de la Restauration donna à la Chambre des pairs l'occasion d'affirmer son droit d'amendement. Parmi les lois de douanes, présentées en 1814 par le baron Louis, se trouvait une loi sur l'importation des fers étrangers qui avait donné lieu, à la Chambre des députés, à d'as discussions assez vives. Le système d'une protection modérée et momentanée l'emporta à la fin sur l'opinion des partisans de la liberté du commerce, qui réclamaient le maintien des tarifs existants, et sur l'avis des partisans de la prohibition, qui demandaient une élévation assez considérable des droits d'entrée pour que la prohibition fût effective. Le 6 octobre, la Chambre vota le projet du Gouvernement, frappant les fers en barres d'un droit de 15 fr. par 100 kilogrammes. A la Chambre des pairs, ce chiffre ne fut point critiqué ; l'attention de la Chambre se porta sur l'article 2 de la loi, ainsi conçu :

« Les fers et aciers arrivés dans les ports de France avant
« la publication de la présente loi et mis en entrepôt, en
« vertu de l'ordonnance royale du 12 août, acquitteront,
« aussi bien que ceux qui seront importés ultérieurement,
« les droits établis par la présente loi [1]. »

Il parut à la haute Chambre que cette disposition consacrait une rétroactivité destructive des droits acquis par des marchés déjà passés, et que les mesures prescrites par l'ordonnance du 12 août ne la justifiaient pas suffisamment. Un amendement fut présenté, tendant à la suppression de l'article 2 du projet adopté par la Chambre, et les pairs le votèrent à une assez forte majorité [2].

La Chambre haute a donc exercé le pouvoir d'amender les lois de finance dès la session de 1814; mais la question constitutionnelle n'a été, à cette époque, ni soulevée, ni même indiquée. Cette question a été, au contraire, portée à la tribune en 1817, lors des discussions sur la loi de finance et en particulier sur le titre qui affectait les bois de l'État à la dotation de la caisse d'amortissement. Le précédent de 1817

1. Voici les dispositions de l'ordonnance des 12-17 août 1814 : « Louis, etc. nous étant fait rendre compte de l'état des forges et fabriques de fer dans notre royaume...... voulant, en ce qui dépend de nous, pourvoir au rétablissement d'un juste équilibre entre l'intérêt du fabricant et celui du consommateur......, nous avons résolu de présenter aux deux Chambres une loi portant augmentation des droits d'entrée sur les fers étrangers ; mais, vu l'urgence....., nous avons ordonné et ordonnons ce qui suit : Art. 1er. Tous les fers bruts, en barres, en verges...... qui existent dans les ports et entrepôts du royaume sans avoir encore payé les droits d'entrée et ceux qui arriveront seront mis ou retenus en entrepôt pour attendre la publication de la loi qui fixera le droit moyen pour lequel ils pourront être introduits en France. — Art. 2. Les négociants ou capitaines auront la faculté de réexporter lesdits fers soit avant, soit après la publication de la loi; ils auront en outre la faculté de les mettre en consommation, sous bonne et valable caution d'acquitter les droits qui seront fixés par la loi à intervenir. »

2. Voy. *Moniteur universel*, numéro du 15 novembre 1814.

étant de tous ceux que nous avons relevés, le plus important et le plus topique, on nous permettra d'entrer dans quelques détails sur cet épisode parlementaire.

Un emprunt de 300 millions allait être conclu par le Gouvernement, à des conditions onéreuses, sans doute, mais qu'il fallait subir pour solder un énorme arriéré. La Chambre eut à se prononcer dans la loi financière de 1817, sur la création d'une caisse destinée à l'amortissement de cet emprunt; le projet du Gouvernement, adopté par les députés, affectait à la dotation de cette caisse les bois et forêts de l'État, sauf une portion réservée, dont le roi devait disposer pour doter les établissements ecclésiastiques. Telles étaient, en substance, les dispositions du titre XI de la loi du budget[1].

Ce n'était pas sans rencontrer des résistances opiniâtres qu'un tel projet avait réuni une majorité à la Chambre. Ces bois *de l'État* c'étaient, disaient les orateurs du parti ultra-royaliste, les bois de l'Église, sa légitime propriété; on n'en pouvait disposer sans méconnaître les droits les plus sacrés, sans prononcer contre le clergé une confiscation générale, sans suivre ainsi les exemples les plus détestables de la Révolution. Le sentiment de la nécessité l'avait emporté cependant à la Chambre sur des doctrines et des tendances qui

---

1. En voici le texte complet qu'il nous semble utile de reproduire pour la pleine intelligence des discussions qu'on va lire :

*Titre XI*, Art. 113. Tous les bois de l'État sont affectés à la caisse d'amortissement, à l'exception de la quantité nécessaire pour former un revenu net de quatre millions de rente, dont il sera disposé par le Roi pour la dotation des établissements ecclésiastiques.

« Art. 114. La portion réservée sera prise dans les grands corps de forêts.

« Art. 115. La caisse d'amortissement ne pourra aliéner les bois affectés à sa dotation qu'en vertu d'une loi. Elle est seulement autorisée à mettre en vente, à partir de 1818, jusqu'à concurrence de cent cinquante mille hectares de bois, en se conformant aux formalités établies pour la vente des propriétés publiques. »

FAVRE.                                                          8

étaient celles de la majorité ; mais tous les yeux étaient fixés sur les pairs : se rendraient-ils, comme les députés, aux exigences d'une situation, périlleuse pour le crédit et l'avenir de la France, ou voudraient-ils maintenir les droits de l'Église sur ses anciens domaines et lui en assurer, par leur vote, la restitution ?

La discussion sur le budget s'ouvrit à la Chambre des pairs le 20 mars et continua dans les séances des 21, 22 et 24[1] ; la dotation de la caisse d'amortissement fut presque le seul sujet qui occupa la Chambre, comme c'était le seul qui préoccupait les esprits. Le projet fut attaqué avec une extrême chaleur, et quelquefois avec une réelle éloquence, par le duc Fitz James, M. de Châteaubriand, le vicomte de Montmorency, le marquis de Rougé, le marquis de Polignac et M. Lepelletier de Rosanbo[2]. Tous proposèrent soit la suppression du titre XI, soit des modifications à ce titre, ajoutant que si leurs amendements n'étaient pas adoptés par la Chambre, ils se croiraient en conscience obligés à voter le rejet de la loi.

Mais elle était habilement défendue. Le ministre de la police rappela aux nobles pairs, avec une nuance de hauteur, que c'était au nom d'un descendant de saint Louis que les mesures qu'ils rejetaient leur étaient proposées : « Ce n'est « pas, dit-il, au fils aîné de l'Église qu'il est besoin de rap- « peler ce qu'il doit à Dieu ; il sert de règle et n'a pas besoin « qu'on lui en trace[3] ». Le ministre des finances fut incisif, pressant. « Veut-on la dotation du clergé ? Oui, sans doute.

---

1. *Moniteur universel*, nᵒˢ des 23, 27 et 28 mars, 1ᵉʳ et 2 avril 1817.

2. Dont la présence était rare à la tribune : son exorde en fait foi : « La voix « de sa conscience a pu seule l'obliger à vaincre l'extrême timidité qui l'avait « jusqu'à présent écarté de la tribune. Mais il est chrétien!... » (Séance du 22 mars, *Monit.* du 28.)

3. Séance du 21 mars, *Monit.* du 27.

« Quelle est la limite de cette dotation? L'existence hono-
« rable du clergé, et la décence du culte..... Cette dotation
« sera-t-elle en propriétés foncières, autant que les circons-
« tances peuvent le permettre? Oui, certainement. Sera-t-elle
« faite en bois? Le titre XI le prescrit. Sera-t-elle faite en
« toute propriété? La même disposition l'ordonne. Quel en
« sera le distributeur? Le monarque..... la justice est satis-
« faite quant au fond, et le mode est entre les mains du
« Roi[1]. »

C'est au cours de cette discussion qu'un incident vint poser la question constitutionnelle.

L'abbé de Montesquiou, défendant le projet du Gouvernement, émit l'opinion que la haute Chambre ne pouvait
rejeter le budget. Voici comment cet incident est rapporté
par le compte rendu analytique du *Moniteur*[2].

« La propriété du clergé était la plus respectable dans
« son origine comme la plus sacrée dans son objet. Les con-
« séquences funestes qu'a eues sa violation ont ébranlé
« jusqu'aux fondements de la société. La restitution que
« l'on demande contribuerait à les raffermir, mais, comparée
« à la masse des propriétés envahies, elle est trop peu impor-
« tante pour devenir un sujet de discorde, un motif pour
« rejeter dans son ensemble le budget du Gouvernement,
« *sorte de loi qu'aux yeux de l'opinant il n'est jamais permis*
« *de rejeter.* »

Des protestations s'élevèrent aussitôt. M. de Montmorency[3]
« s'étonne d'avoir entendu soutenir par un noble pair qu'il

---

1. Séance du 24 mars, *Monit.* du 2 avril.
Le ministre ajoutait, dans un langage un peu cherché, semble-t-il : « La
« *différence des arbres*, si elle avait lieu, disparaîtrait devant la charte. »
2. Séance du 24 mars, *Monit.* du 27.
3. *Ibid.*

« était impossible de rejeter une loi de finances. Si ce sys-
« tème obtenait quelque faveur, il serait facile de l'étendre à
« toute loi proposée par le ministère, et à quoi servirait alors
« la participation des Chambres à la confection des lois? »
Cette réponse était générale et affirmait aussi bien le droit
d'amendement de la Chambre des pairs que son droit de
rejet, plus particulièrement mis en doute par l'abbé de Montesquiou. En admettant, en effet, que la doctrine contre
laquelle il s'élevait, pût être étendue à toutes les lois, l'orateur plaçait sur la même ligne les lois de finance et les autres,
et revendiquait sur toutes les mêmes droits pour la haute
Assemblée. D'autres orateurs furent plus explicites encore.

Le garde des sceaux, amené à s'expliquer sur le point en
litige, le fit en ces termes[1] : « Le ministre ne partage pas
« l'opinion énoncée hier par un honorable membre sur l'im-
« possibilité absolue de rejeter un budget, — mais il croit
« devoir appeler toute l'attention de la Chambre sur les
« funestes conséquences que pourrait avoir le rejet de celui
« qu'on propose, *ou même tout amendement qui, en le sou-*
« *mettant de nouveau à l'examen de la Chambre des députés,*
« *en rendrait l'adoption incertaine.* Le sort de la France est
« lié à cette adoption et l'Europe attend le résultat des déli-
« bérations actuelles pour connaître le degré de confiance
« qu'elle peut mettre dans le gouvernement du Roi. Celui-là
« entendrait donc bien mal les intérêts du clergé qui en ferait
« le motif d'une opposition dont les conséquences seraient
« si graves pour le pays, et si profondément senties par les
« hommes de tous les rangs et de toutes les classes. Ces
« considérations importantes font espérer au ministère que
« la Chambre adoptera, *sans modifications,* la loi qui lui est
« proposée. »

1. Séance du 22 mars, *Monit* du 28.

Dans la séance du 24 mars, le ministre des finances renou-
vela ces déclarations, en insistant sur l'urgence de la loi[1].

« On répond que l'adoption de la loi ne se trouverait
« retardée que de peu de jours. Je vous prie d'observer qu'il
« n'y a pas plus de motifs de croire que la majorité de la
« Chambre des pairs pût voter la suppression du titre XI,
« qu'il n'y en a de supposer que celle des députés pourrait
« bien en exiger le maintien. Et *pour combien de temps*
« *serions-nous condamnés à tourner dans ce cercle déplo-*
« *rable?* »

Mais une théorie constitutionnelle complète sur les droits
respectifs des deux Chambres en matière de lois de finances,
avait été présentée déjà par le duc de Levis dans la séance
du 22 mars, et elle avait reçu l'approbation de la Chambre
comme celle du Gouvernement[2].

« L'opinant vote l'adoption de la loi proposée. Il a observé
« en commençant son discours, qu'il n'existe entre la Cham-
« bre des pairs et celle des députés *aucune différence relati-*
« *vement au droit d'amender, de rejeter même une. loi de*
« *finance. Le droit, à cet égard, est le même pour les deux*
« *Chambres et sur toutes les lois.* Seulement, la loi de l'im-
« pôt doit être adressée d'abord à la Chambre des députés.
« Mais si la Chambre des pairs a le droit de la modifier,
« comme elle en a donné l'exemple en 1814, pour la loi
« relative au droit d'entrée sur les fers étrangers, l'opinant
« est persuadé qu'elle doit user de ce droit avec une extrême
« réserve. »

Des déclarations aussi précises, aussi catégoriques se pas-
sent de commentaire.

1. *Monit.* du 2 avril.
2. Séance du 22 mars, *Monit.* du 28.

Finalement, cinq amendements furent proposés :

Le premier, par sa généralité, tendait à la suppression pure et simple du titre XI ;

Trois autres, avec des rédactions différentes, avaient pour objet commun de modifier les articles 1 et 2 du titre, de manière à réserver à la dotation du clergé tous les bois ecclésiastiques, et à surseoir sur le sort de ceux qui avaient appartenu à l'ordre de Malte ;

Un dernier amendement n'était relatif qu'à l'article 3 du projet. Il en conservait la première partie : « La caisse « d'amortissement ne pourra aliéner les bois affectés à sa « dotation qu'en vertu d'une loi », et en supprimait la dernière, ainsi conçue : « Elle est seulement autorisée à mettre « en vente, à partir de 1818, jusqu'à concurrence de cent « cinquante mille hectares de bois, en se conformant aux « formalités établies pour la vente des propriétés publiques. »

Sur tous ces amendements, on demanda la question préalable, et ils furent rejetés en bloc par 95 voix contre 61 [1].

En 1818, en 1820, en 1826, le droit d'amendement de la Chambre des pairs fut proclamé, ou même exercé, sans qu'on l'ait contesté, ni dans le ministère, ni dans l'autre Chambre.

Dans la séance du 2 mai 1818, le marquis Garnier déposa son rapport sur le budget des dépenses pour 1818. Il s'y plaignait vivement du retard apporté par le Gouvernement dans la présentation des lois de finance, retard qui enlevait à la haute Chambre tout moyen d'exercer un contrôle sérieux.

---

1. *Monit.* du 2 avril. Le droit de rejet n'a jamais été contesté depuis. La Chambre des pairs l'a exercé paisiblement en 1819, en rejetant le projet de loi qui fixait au 1er juillet l'année financière. Voy. *Monit.* des 7 et 8 mars 1819. Sous la monarchie de Juillet, les pairs ont de même repoussé, en 1833, la loi sur la conversion des rentes.

« Dans cet exposé, disait-il, la Commission n'a pu que
« vous indiquer *les modifications* dont certains articles lui
« ont paru susceptibles, *mais elle a dû s'interdire de vous
« proposer aucun amendement*, parce qu'elle a toujours eu
« devant les yeux l'impérieuse nécessité de régler à l'instant
« le budget[1] d'un exercice dont plus d'un tiers est écoulé. »

Dans la séance du 14 mai, M. de Châteaubriand reproduisit ces plaintes au nom du droit de la Chambre à critiquer
la loi de de finance, et proposa de supprimer une discussion
inutile.

« Quel fruit pourrait-on s'en promettre? Il n'entre pas
« dans les vues de l'Assemblée de rejeter une loi nécessaire;
« mais elle pourrait y désirer des *amendements. Est-elle en
« mesure de les proposer? Tout amendement exigerait le
« *renvoi du projet à l'autre Chambre*, mais pour le lui en-
« voyer, il faut que cette Chambre existe. Or, il est probable
« qu'en ce moment la Chambre des députés ne réunirait pas
« un nombre de membres suffisant pour délibérer sur un
« pareil renvoi..... Ne serait-ce pas une question importante
« que d'examiner si, en pareil cas, le vote forcé d'une Cham-
« bre est un vote constitutionnel? »

Le ministre des finances, duc d'Agoult, parut à la tribune,
et prenant la parole :

« On prétend, dit-il, que la Chambre manque à la fois de
« temps et de liberté dans la discussion..... La Chambre en
« sera-t-elle moins libre pour avoir resserré dans un temps
« plus court, si elle le juge convenable, la discussion d'une
« loi importante, dont les détails lui sont connus par les dé-
« bats qui ont eu lieu dans l'autre Chambre? Quelque parti
« qu'elle adopte à cet égard, sa liberté est entière, et le Gou-

[1]. *Monit.* du 9 avril 1818.

« vernement prendra des mesures convenables pour en assu-
« rer l'exercice, *et donner à sa délibération les suites dont elle*
« *serait susceptible* [1]. »

En 1826, les plaintes qui, presque tous les ans, étaient consignées dans le rapport de la commission de la haute
Chambre sur la tardiveté de la présentation du budget, se
produisirent avec une certaine vivacité. Elles donnèrent à
M. de Villèle, alors ministre des finances, l'occasion de renouveler la déclaration du duc d'Agoult en 1818 :

« Ce serait à tort, dit-il, que la noble Chambre regarde-
« rait son contrôle comme illusoire. Dans le cas où elle juge-
« rait nécessaire d'user de *son droit*, la marche du Gouver-
« nement n'en serait point entravée, et aucun des membres
« de l'autre Chambre ne refuserait de se rendre à l'appel qui
« leur serait fait pour accomplir un devoir [2]. »

Enfin, en 1820, la Chambre des pairs exerça son droit
d'amendement, à l'occasion de l'*affaire de la salle à manger
Peyronnet*[3].

Voici dans quelles circonstances :

On sait qu'aux termes de la loi du 25 mars 1817 et de
l'ordonnance du 1er septembre 1827, les ministres étaient
tenus, au commencement de chaque exercice, de répartir
les crédits qui leur étaient alloués entre les divers chapitres
de leurs départements, et de se conformer à cette répartition
pendant le cours de l'exercice. Si des besoins imprévus se
manifestaient, il leur fallait demander aux Chambres un crédit
extraordinaire; si ces besoins étaient urgents, et s'ils se pro-

1. *Monit.* du 9 juin 1818.

2. *Monit.* du 28 mai 1826.

3. C'est le nom que les débats dont on va lire l'analyse ont gardé dans nos
annales parlementaires. La plus grande partie des dépenses faites à l'hôtel de
la Chancellerie avaient été occasionnées par la construction et la décoration
d'une salle à manger.

duisaient dans l'intervalle de deux sessions, une ordonnance royale pouvait ouvrir provisoirement le crédit nécessaire, mais, à la session prochaine, ce crédit devait être ratifié par une loi.

En mai 1829, le garde des sceaux, comte Portalis, présenta à la Chambre des députés une demande de crédit extraordinaire, ainsi libellée:

« ARTICLE UNIQUE. Il sera accordé au ministre de la justice sur les fonds du budget de l'exercice 1828, au delà du crédit fixé par la loi du 24 juin 1827 pour les dépenses ordinaires de ce département, un crédit extraordinaire de 214,865 fr., pour solder les dépenses auxquelles ont donné lieu en 1827 :

« 1° L'indemnité et les frais résultant d'une transaction après jugement sur procès intenté à l'occasion de la bâtisse de l'hôtel occupé par les bureaux du ministère de la justice, rue Neuve-du-Luxembourg, ci : 65,000 fr.;

« 2° Les frais de constructions, réparations, et de fournitures faites à l'hôtel de la chancellerie, situé place Vendôme, ci : 179, 865 fr. »

La commission de la Chambre accordait sans réserves le premier crédit; mais dans la dépense faite pour meubler et embellir l'hôtel de la Chancellerie, elle avait vu une allocation irrégulière, qui devait rester à la charge du ministre ordonnateur. Elle proposait donc un second article ainsi rédigé :

« ART. 2. Il est accordé au ministre de la justice sur les fonds du budget de l'exercice 1828, au delà du crédit fixé par la loi du 24 juin 1827 pour les dépenses ordinaires de ce département, un crédit extraordinaire de 179,865 fr., pour solder les dépenses extraordinaires auxquelles ont donné lieu, en 1827, les frais de constructions, réparations et four-

nitures faites à l'hôtel de la Chancellerie, situé place Vendôme.

« *Ce crédit est accordé sauf liquidation et à charge, par le*
*ministre des finances, d'exercer telle action en indemnité qu'il*
*appartiendra, contre le ministre qui a ordonné la dépense*
*sans crédit préalable.* »

Le rapporteur, M. Lepelletier d'Aulnay, expliquait ainsi
l'amendement de la commission :

« Votre commission croit que vous ne pouvez pas refuser
« d'ouvrir un crédit pour l'acquittement de mémoires qui,
« après avoir été l'objet d'une liquidation, seront reconnus
« résulter de travaux prescrits par un ordonnateur de dé-
« penses publiques; mais qu'en accordant ce crédit que
« commande impérieusement la confiance due au Gouverne-
« ment, il convient aussi de préserver la fortune de l'État des
« atteintes qu'un ordonnateur des dépenses publiques peut
« lui porter, en exerçant une action en indemnité contre l'or-
« donnateur qui a contrevenu à la règle qui lui est imposée.
« Tel est le but de l'amendement que votre commission a
« l'honneur de vous proposer[1]. »

La discussion qui s'ouvrit le 4 mai fut des plus vives; les
mots de concussion, de dilapidation furent prononcés à
l'adresse de l'ancien garde des sceaux, M. de Peyronnet. Un
député, M. Étienne, déclara rejeter absolument les deux
crédits. M. Marchal demanda que le recours en indemnité
fût ouvert même pour la dépense de 65,000 fr.[2]. La majorité se rangeait à l'avis de la commission; mais quelle était
l'action *qu'il appartiendrait?* M. Marchal réclamait une pour-
suite devant la Chambre des pairs : M. Dupin pensait qu'il

---

1. Séance du 27 avril, *Monit.* du 28.
2. *Monit.* du 5 mai.

fallait intenter l'action en indemnité devant les tribunaux ordinaires. Son avis prévalut et l'on rédigea le second alinéa
de l'article 2 en ces termes :.....« à charge, par le ministre
« des finances, d'exercer *devant les tribunaux* une action en
« indemnité, etc. [1]. »

C'est en cet état que la loi sur les crédits extraordinaires
fut portée à la Chambre des pairs. Le roi n'avait pas dissi-
mulé son mécontentement du vote de la Chambre des députés; tout le parti de la cour attendait des pairs le rétablissement pur et simple des crédits.

Le lundi 25 juin, la discussion s'ouvrit. Trois projets
étaient en présence :

1° Le projet originaire présenté par le Gouvernement;

2° Le projet amendé par la Chambre des députés ;

3° Le projet de la commission de la Chambre des pairs.
Partagée entre le sentiment des difficultés politiques et
légales que le vote de la Chambre ferait naître s'il était con-
firmé par les pairs, et la conviction qu'il était impossible de
légitimer les ordonnancements de M. de Peyronnet, elle s'était
arrêtée à la rédaction suivante :

« ART. 5. Il est accordé au ministère de la justice sur les
fonds de l'exercice 1828, au delà du crédit fixé par la loi du
24 juin 1827 pour les dépenses ordinaires de ce département, un crédit extraordinaire de 179,805 fr., afin de
solder, sauf liquidation, les entrepreneurs et fournisseurs de
réparations, constructions et fournitures faites pendant l'exercice 1827, à l'hôtel de la Chancellerie, situé place Vendôme,
*en réservant toutefois la responsabilité prévue par l'article
151 de la loi du 25 mars 1817* [2]. »

C'était substituer à une sanction précise, une responsabi-

1. Séance du 5 mai, *Monit.* du 6.
2. *Monit.* du 18 juin.

lité vague et générale qui avait aux yeux de la commission le mérite d'être un moyen de conciliation, et de rallier, autour de son principe, nombre d'avis divergents.

L'amendement de la commission fut soutenu par le baron Portal, M. de Saint-Aulaire et le duc de Broglie. Le comte Cornudet fut le seul orateur qui défendit le projet adopté par la Chambre des députés. Le comte de Saint-Roman, le duc de Narbonne et M. de Lally repoussèrent, au contraire, les deux amendements et déclarèrent se rallier au projet primitif du Gouvernement.

Le comte de Peyronnet se défendit avec dignité contre les imputations qui avaient été dirigées contre lui à la Chambre des députés. Il fit observer qu'il aurait été facile de couvrir les dépenses faites à l'hôtel de la Chancellerie, avec les économies réalisées sur d'autres services ; ajoutant que « la nécessité et la somme non dépassée du crédit général « justifiaient cette dépense ». Ce fut aussi dans ce sens que conclut le comte Corbière. « Lorsqu'un ministre a trop d'ar-« gent dans l'une de ses mains et trop peu dans l'autre, le « plus court chemin n'est-il pas de reverser l'excédant de « la première dans la seconde ? » Il proposait en conséquence à la Chambre un amendement qui rejetait, comme inutile, le crédit demandé, sauf à réduire plus tard les annulations de crédits, qu'on proposerait dans la loi des comptes, de toute la somme nécessaire à l'acquittement des divers frais faits à l'hôtel de la Chancellerie. Mais le ministre des finances fit observer que cette voie était irrégulière, et M. Corbière retira son amendement[1].

La discussion close le 17 juin, restaient en présence les trois propositions rapportées plus haut. L'amendement de la

[1]. Séance du 17 juin, *Monit.* du 20.

Chambre et celui de la commission furent rejetés par les pairs qui adoptèrent le projet originaire, par 124 voix sur 161 votants, rétablissant ainsi, sans recours ni réserves, le crédit que la Chambre des députés n'avait voté que sauf le recours du Trésor public.

En résumé, il devient évident pour qui lit attentivement les documents rapportés ou analysés dans ce paragraphe :

1° Que la Chambre des pairs était, sous la charte de 1814, en pleine possession du droit d'amender les lois de finance ; que ce droit, fondé sur le texte même de la charte, était affirmé par elle, et lui était reconnu par le Gouvernement et par l'autre Chambre ;

2° Qu'elle possédait ce droit d'une façon générale et absolue, qu'il n'y avait pas lieu de distinguer, par exemple, entre les amendements qui supprimaient et ceux qui rétablissaient un crédit ;

3° Qu'une loi de finance amendée par la Chambre des pairs devait être retournée à la Chambre des députés et ne devenait parfaite que lorsque les deux Chambres s'étaient mises d'accord [1].

Telle était la tradition constitutionnelle et parlementaire que la Restauration léguait à la monarchie de Juillet.

## § II.

La charte de 1814 avait, par deux fois, consacré le droit de priorité de la Chambre des députés ; la charte du 14 août 1830 ne contient qu'un texte sur notre question, c'est l'article 15 :

« La proposition des lois appartient au Roi, à la Chambre

1. Sauf la sanction du roi.

des pairs et à la Chambre des députés. Néanmoins, toute loi d'impôt doit être d'abord votée par la Chambre des députés. »

Sauf l'initiative restituée aux deux Chambres, l'économie du système constitutionnel ne reçut, en 1830, aucun changement. Comme en 1814, on formula la règle qui nécessite pour l'établissement et la perception d'un impôt le consentement des deux Chambres, et l'on reproduisit la déclaration que « la Chambre des pairs est une portion essentielle de la puissance législative ».

Les principes restaient donc les mêmes et comme eux, la pratique parlementaire ne devait pas varier. Nous allons rapporter, par ordre de date, les précédents les plus intéressants.

Le 10 octobre 1831, le comte Roy présentait son rapport sur le budget des dépenses et critiquait vivement l'article 7 du projet, ainsi conçu :

« Aucun marché, achat, vente, construction et réparation dont la valeur s'élèverait au-dessus de 3,000 fr., ne pourra avoir lieu à l'avenir pour le compte du Gouvernement qu'après publicité et concurrence.

« Dans le cas d'urgence dûment justifiée, il pourra être dérogé à l'article ci-dessus en vertu d'un arrêté du ministre ordonnateur, ou de son délégué, relatant le motif d'urgence.

« Sont dispensées des formalités prescrites par les deux paragraphes précédents, les acquisitions ou commandes relatives aux beaux-arts. »

Le rapporteur faisait observer que ces dispositions établissaient un principe salutaire, mais qu'elles étaient conçues dans des termes trop absolus ; l'intérêt public exigeait d'autres exceptions au principe de la publicité et de la concurrence ; le concours de l'administration et de son expérience

état indispensable pour déterminer la règle et les exceptions. Dans quelle loi, d'ailleurs, voulait-on introduire, par
un amendement improvisé à la tribune, un principe définitif
d'administration, une règle qui statuait pour l'avenir? dans
une loi de finance, à laquelle il fallait conserver son caractère
de loi annuelle, de loi exclusivement destinée au règlement
des dépenses. C'était violer des usages parlementaires souvent consacrés et qu'il importait de maintenir dans l'intérêt
des droits de la haute Chambre[1].

MM. Molé et de Tournon parlèrent aussi dans ce sens:

« S'il est un principe à l'abri de toute contestation, dit ce
« dernier, c'est celui, que sous l'abri de la loi de finance,
« nulle disposition qui lui serait étrangère ne saurait être
« introduite dans la législation; cette Chambre a fait consa-
« crer ce dogme tutélaire par sa constante jurisprudence et
« il lui appartient de le maintenir[2]. »

Ainsi, dès la session de 1831, la Chambre des pairs exerçait son droit d'amender les lois de finance et l'exerçait dans
le but, hautement proclamé, de ne pas laisser la Chambre
élective usurper sur les droits de la Chambre haute. Les
sessions suivantes ne démentirent pas cette attitude résolue
des pairs.

La Chambre des députés avait consenti à la suppression
de l'article 7 de la loi des dépenses; mais, bientôt appelée à
délibérer sur la loi des comptes de 1829, elle en avait introduit les dispositions dans cette loi. Le 9 janvier 1832,
M. Roy reproduisit dans son rapport les motifs et les conclusions qu'il avait déjà présentés au sujet de la loi des
dépenses.

« Le projet de loi renouvelle avec quelques changements

1. *Monit. univ.* du 11 octobre 1831.
2. *Ibid.*

« cependant, la proposition que récemment vous n'avez pu
« admettre.

« C'est ainsi qu'il porte à 10,000 fr. au lieu de 3,000 fr.,
« le prix au delà duquel les marchés seraient passés avec
« publicité et concurrence.

« C'est ainsi encore que les marchés auxquels cette con-
« dition ne pourrait être appliquée sans préjudice pour le
« service ou pour la confection des travaux seraient exceptés
« de cette obligation, à la charge, par les ministres, de sou-
« mettre aux Chambres, chaque année, un état sommaire de
« ces marchés, avec l'indication des motifs qui auraient né-
« cessité la dérogation au principe général. »

Examinant ces modifications au projet primitif, M. Roy
trouvait que le texte nouveau créerait à l'administration des
difficultés et des embarras innombrables; il concluait donc
au rejet de l'article, le quatorzième du projet de loi.

Il concluait de plus à la suppression des articles 10 et 15.
Le premier déclarait acquises définitivement par l'État, les
sommes versées aux caisses des agents des postes pour être
remises à destination, lorsque leur remboursement n'aurait
pas été réclamé par les ayants droit, dans un délai de cinq
années. Le second disposait qu'à l'avenir aucune somme ne
pourrait être allouée à un ministre à titre de frais de premier
établissement. Sur ces deux articles, le rapporteur faisait de
nouveau observer qu'ils n'avaient rien de commun avec la
loi de finance; il ajoutait, sur le second, qu'avec le système
de la spécialité des crédits, il était inutile et même dangereux; inutile, puisque les Chambres défendent suffisamment
une dépense en ne l'autorisant pas; dangereux, parce qu'il
pouvait fermer l'accès du ministère aux hommes de peu de
fortune et de grand talent[1].

1. *Monit. univ.* du 10 janvier 1832.

Dans la séance du 11 janvier, la Chambre des pairs, adoptant ces motifs, vota les amendements de la commission, c'est-à-dire la suppression des articles 10, 14 et 15[1]. Le projet fut renvoyé à un nouvel examen de la Chambre des députés; le 10 avril, le baron Louis, ministre des finances, le présenta de nouveau à la haute Chambre. La Chambre élective avait ratifié la suppression de l'article 10; mais l'article 14, relatif aux marchés conclus par l'État, avait été rétabli dans sa rédaction primitive, et l'article 15, concernant les frais de premier établissement accordés aux ministres, maintenu, avec une légère modification, permettant au Gouvernement de déroger dans certains cas à la règle. En terminant l'analyse du projet, tel qu'il sortait de la seconde délibération de la Chambre élective, le baron Louis prononçait ces paroles significatives: « Nous appelons, Messieurs, votre examen sur « ces différentes modifications[2]. » Ce n'était pas à un enregistrement que le Gouvernement conviait la Chambre des pairs; ce n'était pas non plus dans ce sens qu'elle comprenait sa mission. L'examen fut sérieux et le projet dut retourner une troisième fois à la Chambre des députés. Le 28 décembre, il revint pour la troisième fois devant les pairs qui, sur les instances de M. Humann, l'adopta enfin dans la teneur suivante:

« Art. 11 (ancien 15). Aucune somme ne pourra être accordée aux ministres, pour frais de premier établissement, que par exception, et en vertu d'une ordonnance nominative et motivée, rendue conformément aux dispositions de la loi du 25 mars 1817.

« Art. 12 (ancien 14). Une ordonnance royale réglera les formalités à suivre, à l'avenir, dans tous les marchés passés

---

1. *Monit. univ.* du 12 janvier.
2. *Monit. univ.* du 11 avril.

au nom du Gouvernement. Il sera fourni, chaque année, aux Chambres, un état sommaire de tous les marchés de 50,000 fr. et au-dessus, passés dans le courant de l'année échue. Les marchés inférieurs à cette somme, mais qui s'élèveraient ensemble, pour des objets de même nature, à 50,000 fr. et au-dessus, seront portés sur ledit état. Cet état indiquera le nom et le domicile des parties contractantes, la durée, la nature et les principales conditions du contrat[1]. »

En 1831, la commission du budget des dépenses de la Chambre des députés avait exprimé le vœu que le nombre des diocèses fût ramené au chiffre du Concordat, c'est-à-dire à 68, au lieu de 80, chiffre établi par une loi de 1821. A la suite de cet incident, des négociations furent ouvertes avec la Cour de Rome. En 1832, un amendement, supprimant le crédit affecté aux douze diocèses, fut proposé par M. A. Giraud; la Chambre le repoussa. M. Eschassériaux le reprit, en 1833, en apportant un tempérament à sa disposition, et la Chambre en vota l'adoption. Il fut inséré, sous le n° 5, dans le projet de budget porté à la Chambre des pairs.

On ne pouvait guère douter du sort qui attendait cette disposition. Décider qu'à l'avenir « il ne serait plus affecté « de fonds à la dotation des siéges épiscopaux et métropo- « litains, non compris dans le Concordat de 1801, qui vien- « draient à vaquer jusqu'à la conclusion définitive des négo- « ciations entamées à cet égard avec le gouvernement « français, » c'était déroger à la loi de 1821 d'une façon peu régulière; aussi, M. Dupin aîné, tout en critiquant la loi de 1821, avait-il déclaré que l'on ne pouvait ainsi « casser « violemment ce qui avait été fait légalement ». La Chambre des pairs, gardienne de la méthode parlementaire, ne devait pas hésiter à supprimer l'article 5 du projet.

1. *Monit. univ.* du 29 décembre.

Il n'en fut rien cependant, mais pourquoi? M. Humann, ministre des finances, insista sur la nécessité de voter le budget sans retard; il fit plus, il s'engagea vis-à-vis de la haute Chambre, à ne laisser aucun diocèse en souffrance :

« Heureusement, dit-il, en déposant le projet dans la « séance du 18 juin, l'article dont il s'agit n'est point d'une « application immédiate ; c'est une disposition condition- « nelle, qui, nous l'espérons, ne rencontrera pas d'ici à « votre prochaine réunion, les cas qu'elle suppose. A tout « événement, le Roi nommera aux siéges qui viendraient à « vaquer, sauf la question du traitement qui sera remise en « discussion à la session prochaine. »

Le rapporteur, M. de Fréville, conclut en faveur de l'adoption pure et simple du projet, en présence des déclarations du Gouvernement; mais il ne manqua pas de réserver les droits de la haute Chambre :

« On pourrait remarquer d'abord que, si un article de ce « genre était admissible, il devrait chercher sa place dans « une loi spéciale, puisque, ne se bornant pas à régler la « dépense de l'année, il dispose pour l'avenir. On serait ainsi « dans le cas de rappeler les réflexions fréquemment énon- « cées à cette tribune avec autant de raison que d'énergie. « La Chambre des pairs ne balancera pas à assurer le résul- « tat qu'elles doivent obtenir dès qu'elle se trouvera en me- « sure d'exercer ses droits sans craindre de compromettre « le service public. Elle sera dans cette position lors de la « session prochaine[1]... »

Nous retrouvons, en 1835, les protestations accoutumées de la haute Chambre contre le dépôt tardif du budget. M. Roy s'en faisait l'organe en disant, au début de son rapport :

[1]. *Monit. univ.* du 19 juin.

« Vous êtes forcés, Messieurs, de donner votre assentiment à un projet de loi qui présente un grand nombre de dispositions législatives diverses, étrangères les unes aux autres, dont plusieurs n'obtiendraient même probablement pas votre assentiment si vous étiez appelés à les voter librement.

« La France doit gémir de la continuation d'un si grand désordre et de l'impuissance, dans laquelle vous êtes continuellement placés, de pouvoir remplir *avec efficacité et dignité la haute mission que, dans ses intérêts, vous tenez de la constitution du pays*[1]. »

1836 est pour nous une date plus importante. La presse venait de soulever la question constitutionnelle du droit d'amendement de la Chambre des pairs; ce droit avait été combattu, et l'on s'était fondé, pour le contester, sur les principes appliqués en Angleterre. M. Gautier, rapporteur, s'attacha à établir le droit des pairs et à réfuter les objections que l'on avait produites. Il commençait, comme ses prédécesseurs, par des plaintes au sujet de la situation que faisait à la haute Chambre l'habitude de lui présenter le budget dans les derniers jours de la session :

« La puissance législative, disait-il[2], s'exerce collective-
« ment par le Roi, la Chambre des pairs et la Chambre des
« députés; les lois doivent être discutées et votées librement
« par la majorité de chacune des deux Chambres; l'initiative
« des lois appartient aux trois branches de la puissance légis-
« lative; toute loi d'impôt doit être votée d'abord par la
« Chambre des députés. Le Roi sanctionne la loi. Voilà, Mes-
« sieurs; vous le savez, ce que prescrit la charte. Comment
« cette volonté si expresse et si formelle du pacte fondamen-
« tal, cette volonté qui renferme en peu de mots la substance

1. *Monit. univ.* du 25 mai 1835.
2. Séance du jeudi 30 juin, *Monit. univ.* du 2 juillet 1836.

« même de notre organisation sociale, s'exécute-t-elle à l'é-
« gard de la loi des dépenses?... Vous le savez, Messieurs, le
« Roi propose la loi, la Chambre des députés la discute et la
« vote librement; mais, quant à la Chambre des pairs, son
« vote n'est pas libre. Les lois de finances ne sont donc revê-
« tues que de la sanction de deux des pouvoirs législatifs et
« le troisième, souverain dans sa sphère politique comme les
« deux autres, représentant du pays comme eux, égal en
« droits et en indépendance avec eux, selon la charte, est
« réduit au rôle stérile d'une cour d'enregistrement dont le
« mandat réel se borne à l'accomplissement d'une formalité
« vaine et mensongère..... » Quels sont donc les obstacles qui
s'opposent aux revendications légitimes de la Chambre des
pairs? Le rapporteur en indique deux : l'impossibilité de
réunir la Chambre des députés en nombre suffisant à l'ap-
proche des vacances, et l'opinion que les pairs de France,
comme les pairs d'Angleterre, n'auraient sur les lois de
finances qu'un droit de rejet pur et simple.

« La seconde objection, dit-il, est plus grave et mérite un
« examen approfondi. S'il était vrai que le droit constitu-
« tionnel de la Chambre des pairs se bornât à pouvoir rejeter
« en masse les lois de finances et que, d'après la nature
« même des choses, elle n'eût pas *la faculté d'amender* ces
« lois, il en résulterait, en effet, ce rejet d'une loi de finances,
« étant un acte très-grave dans ses conséquences, et qui ne
« pourrait être justifié que par des considérations de la plus
« haute portée, il en résulterait, en effet, disons-nous, que la
« Chambre des pairs serait habituellement exclue de toute
« participation réellement efficace au vote du budget.

« Mais votre commission n'a pas cru que telle pût être en
« France la condition constitutionnelle de la Chambre des
« pairs, et comme il faut que tôt ou tard une question de

« cette importance s'éclaire et se décide, elle nous a chargée
« de soutenir que, *pour les lois de finances comme pour toutes*
« *les autres lois,* la Chambre des pairs a *pleinement le droit*
« *d'y apporter* TOUTES *les modifications qu'elle peut juger*
« *nécessaires,* aussi bien que de les rejeter. Elle considère
« donc comme un préjugé nuisible et qu'il importe de dé-
« truire, l'opinion où l'on paraît être, et dont on pourrait
« vouloir faire un principe dont il ne serait pas permis de
« s'écarter, que la Chambre des pairs n'a pas le droit d'amen-
« der les lois de finances.

« Ce n'est d'abord pas dans la charte qu'on a pu trouver
« le fondement de cette opinion. On y lit, il est vrai, que
« toute loi d'impôt doit être votée d'abord par la Chambre
« des députés, mais on y trouve aussi que ces lois doivent
« être *discutées et votées librement* par la majorité de chacune
« des deux Chambres.

« Ces deux dispositions également claires et impératives
« sont parfaitement conciliables entre elles, et ne peuvent ni
« s'exclure, ni se limiter réciproquement. De ce que, dans la
« vue de prévenir entre le pouvoir royal et *son auxiliaire na-*
« *turel,* la *Chambre inamovible,* un concert qui pourrait de-
« venir dangereux pour la liberté, la charte a réservé au pou-
« voir électif la priorité du jugement des lois d'impôt, il n'en
« saurait résulter que la Chambre des pairs soit dépouillée,
« relativement à ces lois, d'*un des attributs les plus essentiels*
« de la puissance législative, le droit de modifier la proposi-
« tion de loi qui lui en est faite après qu'elle a été approuvée
« par la Chambre des députés. S'il en était ainsi, la Chambre
« des pairs n'aurait pas la plénitude de son concours à la
« puissance législative, et la charte aurait proféré un men-
« songe lorsqu'elle a dit que la puissance législative s'exerce
« collectivement par le Roi, la Chambre des députés et la

« Chambre des pairs; s'il en était ainsi, le vote de la Cham-
« bre des pairs ne serait pas libre, et la charte se serait mise
« en contradiction avec elle-même, lorsqu'elle a dit que les
« lois doivent être discutées et votées librement par la majo-
« rité des deux Chambres. » Pouvait on trouver dans l'exemple de l'Angleterre la justification d'une doctrine si visiblement contraire aux textes constitutionnels ? M. Gautier
développait avec beaucoup de force les objections qui s'oppo-
saient à l'admission d'un pareil argument :

« Ces principes sociaux qui ne sont exprimés nulle part et
« qui n'en deviennent pas moins plus puissants quelquefois
« que la loi écrite, sur qui se fondent-ils ? Sur les mœurs et sur
« la force relative que le passé a donnée aux diverses influen-
« ces sociales.... Les mœurs ? Elles sont à beaucoup d'égards
« dissemblables. Le passé et ses conséquences ? Non-seule-
« ment ils sont divers, mais presque en tous points contraires.
« Qu'en Angleterre, où existe un pouvoir politique, monu-
« ment séculaire des institutions féodales, siége d'une aris-
« tocratie vivace et puissante qui a défendu souvent les droits
« du peuple, qui a concouru à fonder la liberté, qui a ses
« racines dans la possession de la plus grande partie du ter-
« ritoire, qui conserve encore, en vertu des mœurs et des
« souvenirs, une grande influence, on ait préludé, dès long-
« temps, par des précautions jalouses aux attaques plus vives
« auxquelles ce pouvoir est en butte aujourd'hui, cela se
« conçoit aisément. Mais qu'en France, où l'ascendant social
« est si loin d'être ainsi réparti, on jugeât ces mêmes pré-
« cautions nécessaires, en vérité, cela ne saurait se compren-
« dre, et personne ne pourrait soutenir avec quelque appa-
« rence de vraisemblance, que chez nous ce soit contre les
« influences de l'aristocratie qu'il puisse être nécessaire de
« se fortifier. »

Nous avons donné place dans notre travail à cette longue citation, parce que la discussion juridique y est complète; les textes sont examinés de près et présentés dans leur vrai jour, l'esprit de la Constitution y est dégagé très-clairement dans le parallèle que l'orateur établit entre les systèmes politiques de la France et de l'Angleterre. Lorsque s'ouvrit la discussion, le 7 juillet, le vicomte Dubouchage revint sur la question soulevée et résolue par le rapport, sans apporter toutefois d'arguments nouveaux à la thèse de la commission qui, à tous les membres de la Chambre des pairs, devait d'ailleurs paraître l'évidence même. L'intérêt se concentrait sur la déclaration qu'on attendait du Gouvernement. M. d'Argout, ministre des finances, monta effectivement à la tribune, et après avoir passé en revue les critiques adressées à la loi au point de vue financier, il aborda le problème constitutionnel. On vit alors que pour le Gouvernement comme pour la haute Chambre, ce problème n'en était pas un et que, pas plus que la commission, le ministre n'hésitait à reconnaître aux pairs le droit d'apporter tels amendements qu'ils jugent convenables, aux lois de finance comme aux autres lois :

« On a dit : La charte est violée. Mais on a confondu le
« droit et le fait..... A la Chambre des députés appartient la
« priorité du droit d'examiner les dépenses et de voter les
« impôts. — C'est la charte qui le dit et la commission en
« convient ainsi que l'honorable préopinant (M. Dubouchage).
« Maintenant le droit de discussion existe-t-il dans les deux
« Chambres? Je ne pense pas que personne ait jamais pré-
« tendu que la discussion de la Chambre des pairs ne doit.
« pas être aussi sérieuse, aussi solennelle que celle de la
« Chambre des députés. Quant au droit de rejeter le budget,
« il est incontesté : on a fait seulement une observation, c'est
« qu'on ne devrait en user que dans les cas d'une nécessité

« extrême, et avec la plus grande circonspection. — Le droit
« d'amendement? Mais, ce droit, je demande par qui il a été
« contesté. »

*M. le vicomte Dubouchage.* — « On l'a contesté dans la
« presse. »

*M. le ministre des finances.* — « Messieurs, ce n'est pas
« la première fois que ce sujet a été agité dans cette Chambre.
« L'honorable membre a cité une déclaration de M. Villèle;
« je pourrais citer à mon tour une déclaration de M. de Mar-
« tignac. *Oui*, la Chambre *des pairs a le droit d'amender le*
« *budget;* maintenant, doit-elle toujours user de ce droit pour
« des objets de médiocre importance? Voilà la question. Du
« moment où nous sommes d'accord sur le droit, il ne reste
« plus que la question de fait. Or, depuis que la Chambre
« des pairs existe, elle n'a jamais rejeté un budget ni fait
« d'amendement au budget. Qu'en résulte-t-il? C'est qu'elle
« n'a jamais trouvé que les circonstances fussent assez graves
« et que les amendements introduits par la Chambre des
« députés fussent de nature à la déterminer à user de son
« droit. — C'est dans sa sagesse, dans sa prudence, qu'elle
« a procédé ainsi, et il n'a été fait aucune violence ni à son
« indépendance, ni à sa dignité. J'irai plus loin : si — jusqu'à
« présent, le cas ne s'est point présenté — il arrivait qu'une
« mesure désastreuse vînt à être adoptée par la Chambre des
« députés, le devoir comme le droit du Gouvernement serait
« *de demander des modifications,* et le devoir comme le droit
« de la Chambre des pairs serait de voter ces modifications.
« Si c'était à une époque où la Chambre des députés fût dis-
« persée, on pourrait compter sur son patriotisme pour se
« réunir à nouveau.... Mais par cela même que la charte a
« donné l'initiative à la Chambre des députés, il en est ré-
« sulté que *l'examen le plus attentif, les mesures les plus dé-*

« *cisires, les discussions les plus étendues lui sont échues en*
« *partage. Et quand le budget arrive si tard à la Chambre*
« *des pairs, cette Chambre n'a réellement à s'occuper que des*
« *sommités des questions*[1]. »

Ce qu'il faut relever surtout dans la discussion que nous
venons de rapporter, c'est le caractère *absolu* reconnu au
droit de la Chambre des pairs d'amender le budget : « Pour
« les lois de finance, *comme pour toutes les autres lois*, la
« Chambre des pairs a pleinement le droit *d'y apporter*
« TOUTES *les modifications* qu'elle peut juger nécessaires. »
Telle est la thèse que le rapporteur développe et qu'accepte
le Gouvernement. Ce qu'il faut remarquer encore, c'est la
façon dont le ministre des finances explique l'importance,
et par là même, l'objet du droit de priorité de la Chambre :
« L'examen le plus attentif, les mesures les plus décisives
« lui sont échus en partage. » Il est certain que dans la
pensée de la haute Chambre comme dans celle du ministère,
l'article 15 de la charte restait une question de *simple*
*procédure*, d'ordre dans la discussion ; ordre qui, d'ailleurs,
avait sa raison d'être, et une influence considérable sur les
dispositions de la loi de finance.

Ce que l'on pouvait prévoir s'est ainsi réalisé. La Chambre
des pairs de la monarchie de Juillet s'est montrée aussi jalouse de ses droits que la haute Chambre de la Restauration.
Elle a affirmé son droit d'amendement par ses actes et par
ses discussions ; en veillant à ce que des dispositions étrangères à la loi annuelle de finance ne fussent pas introduites
dans cette loi, elle a montré combien elle était jalouse de
ses prérogatives ; enfin, elle a tenu à établir son droit devant
l'opinion, et, dans une discussion solennelle, elle a déter-

1. *Monit. univ.* du 5 juillet 1836.

miné la part que la charte constitutionnelle faisait à chacune des Chambres dans la préparation et le vote des lois financières : à la Chambre élective, la priorité dans l'examen, dans la discussion, l'initiative des mesures à prendre; à la haute Chambre, le droit absolu d'amender, de corriger l'œuvre de la Chambre élective, en s'inspirant des seules exigences du bien public.

Cette doctrine constitutionnelle, si hautement professée à la tribune, était enseignée dans la chaire. Dans le cours qu'il faisait à cette époque à la Faculté de droit de Paris, l'illustre Rossi s'exprimait en ces termes sur le droit de la Chambre et sur le droit des pairs :

« Le vote de l'impôt appartient à la Chambre des pairs
« comme à la Chambre des députés. La Chambre des pairs
« n'a pas l'initiative à cet égard ; l'impôt doit être voté d'a
« bord à la Chambre des députés; mais, *sauf cette restric*
« *tion, le droit de la Chambre des pairs est le même que celui*
« *de la Chambre des députés.* Il y a des raisons pour justifier
« le refus d'initiative à la Chambre des pairs, il n'y en au
« rait aucune pour lui refuser le droit d'amendement[1]. »

## § III.

La Constitution du 26 février 1875 a recueilli l'héritage du régime parlementaire. C'est ce régime qu'elle a eu pour but d'établir, c'est à lui qu'elle a emprunté ses règles: la division du pouvoir en deux Chambres, l'égalité de leurs attributions, la responsabilité ministérielle. Ce point surtout est caractéristique; la France a repoussé le système de gouvernement présidentiel que lui offrait l'exemple de la Répu

1. *Cours de droit constitut.*, t. II.

blique américaine ; elle a cherché sa loi moins dans l'imitation des autres gouvernements républicains que dans la tradition de la monarchie constitutionnelle. Aussi est-il non-seulement légitime, mais nécessaire, de puiser dans le précieux dépôt de traditions parlementaires que nous ont légué les assemblées de la Restauration et de la monarchie de Juillet. Nous avons accepté ce legs en 1875, et nos Assemblées actuelles, différentes de l'ancienne Chambre élective et de la Chambre des pairs, par leur origine plus démocratique, sont cependant les héritières légitimes des trésors de leur expérience.

Il est donc dans notre droit d'interprète d'invoquer les précédents analysés dans les deux paragraphes précédents au cours de la discussion qui fera l'objet du troisième paragraphe de notre étude.

Car, aujourd'hui, l'on discute sur les droits du Sénat en matière financière : une question est née, et il s'est formé une majorité dans la Chambre des députés pour contester au Sénat le droit d'amendement, avec le caractère absolu que nous lui avons reconnu jusqu'à présent. Le Sénat lui-même n'a défendu ses droits qu'avec hésitation et mollesse. La raison de cette attitude que n'avait pas connue la Chambre des pairs est dans des circonstances politiques qu'il ne nous appartient pas d'apprécier dans ce travail. Exposer fidèlement les faits et les opinions, dégager de leur ensemble les doctrines constitutionnelles qui sont aujourd'hui en présence, les apprécier au point de vue juridique et établir la vérité constitutionnelle par les textes et les précédents : telle est notre tâche exclusive ; c'est celle du juriste et elle intéresse assez vivement notre avenir politique pour qu'il n'ait pas à se plaindre de ce que son étude peut avoir d'ingrat.

Le projet de budget de 1877 fut déposé le 14 mars 1876 à la Chambre des députés, distribué le 22, longuement et minutieusement discuté, voté enfin le 16 décembre. La loi des dépenses avait été votée séparément et déposée sur le bureau du Sénat à la date du 7 décembre ; la loi des recettes ne fut déposée que le 19. Mais la commission des finances du Sénat n'avait pas attendu cette communication officielle pour commencer ses travaux ; elle s'était livrée à l'étude des budgets des divers ministères au fur et à mesure des votes de l'autre Assemblée, et avait conclu à la nécessité d'amender divers articles de la loi de finance.

Dans ces circonstances, il était naturel d'exposer à la tribune la façon dont la commission entendait le droit du Sénat. M. Pouyer-Quertier, son président, vint en effet dans la séance du 15 décembre, faire une déclaration dont nous extrayons les passages suivants :

« Nous n'avons pas eu, à propos du budget de l'exercice
« prochain, à soulever des discussions théoriques sur la nature
« et l'étendue de nos pouvoirs ; il nous a suffi d'être assurés
« que *dans les proportions que nous avons l'honneur de vous*
« *soumettre, nous n'excéderons pas ces pouvoirs.* (Très-bien ! à droite.)

« Nous vous demandons de rétablir certains crédits (nou-
« velle approbation sur les mêmes bancs) ou certaines por-
« tions de crédit, demandés d'abord par le Gouvernement,
« réduits ou supprimés depuis par la Chambre des députés,
« et de retrancher certaines dispositions législatives qui ne
« figuraient pas dans le projet ministériel. (Applaudissements à droite.)

« Ces propositions ont uniquement pour objet *d'assurer*
« *le maintien de loi existantes ou la marche de services publics*
« *régulièrement établis.* (Très-bien !)

« *Ainsi appliqué*, notre droit est incontestable et nous avons été dans votre commission unanimes à le reconnaître. (Applaudissements à droite.)

« Il est conforme à l'esprit de la Constitution, au texte « même de la loi, à toutes *les traditions parlementaires de* « *notre pays.*

« C'est en invoquant ces traditions, que nos devanciers « mêmes, sous des régimes bien différents des nôtres, ont « toujours maintenues, c'est surtout en nous appuyant sur « les dispositions du nouveau pacte constitutionnel que nous « avons discuté et arrêté le projet qui vous est soumis. (Très-bien !)

« La Chambre des députés a fait un libre usage de ses « droits, vous userez librement des vôtres. (Très-bien ! à « droite.) C'est cette égale liberté qui a fait l'harmonie des « pouvoirs et qui, sagement et sincèrement pratiquée, pro-« duira leur accord. » (Marques d'approbation [1].)

On regrette de ne pas trouver cette déclaration plus nette; l'esprit n'y recueille qu'un doute. D'une part, en effet, le pré-sident de la commission des finances se réfère aux précé-cédents, et l'on a vu quel caractère général, absolu, ils donnent au droit de la haute Chambre; d'autre part, il ne pose point de principe et se contente d'affirmer que le droit de la Chambre est certain dans les *limites* où la commission lui propose de l'exercer. Quelles sont ces *proportions* dont pour la première fois, on vient parler à la tribune française ? C'est un point sur lequel on cherche vainement dans la déclaration une explication claire. Il semble bien que ce droit *limité* de la haute Chambre soit de rétablir des crédits — pour « assurer le maintien des lois existantes ou la marche

1. *Journ. offic.* du 20 décembre 1876.

« des services publics régulièrement établis ». Mais, alors,
on rompt avec la tradition parlementaire que l'on prétend
conserver ? L'idée n'est guère plus nette dans les observations que M. Ernest Picard vint présenter au nom du côté
gauche.

« Les sentiments de concorde et le désir de bonne har-
« monie entre les deux pouvoirs qui viennent d'être expri-
« més en si bons termes par notre honorable collègue,
« M. Pouyer-Quertier, ne peuvent pas trouver ici de contra-
« dicteur.

« *Mais*, il l'a reconnu lui-même, *ce n'est qu'en face des*
« *questions, quand elles viendront en discussion, quand vous*
« *en verrons la portée et le développement, que nous pourrons*
« *préciser quels sont nos droits* pour en user librement, et
« quels sont nos devoirs pour ne pas entraver la marche des
« affaires du pays, et pour maintenir l'harmonie entre les
« deux pouvoirs qui constituent en France le Corps législatif.
« Sous ces très-simples réserves, je n'ai rien à dire en ré-
« ponse aux observations qui viennent d'être portées à cette
« tribune.

« Il est évident que ni dans cette Assemblée ni dans
« l'autre, personne ne pourra s'étonner que ces questions
« soient discutées amplement, que celles sur lesquelles nous
« pourrions nous trouver en dissentiment avec l'autre Cham-
« bre soient l'objet ici d'un nouvel examen, et que nous
« provoquions, s'il le faut, dans l'autre Assemblée, une déli-
« bération nouvelle[1]. »

Ainsi, le droit du Sénat variait avec les questions qui lui
étaient soumises ; il pouvait ou ne pouvait par amender,
selon le cas. Provoquer une délibération nouvelle par l'exer-

_____

[1]. *Journ. offic.* du 20 décembre 1876.

cice d'une sorte de droit de remontrance, tel aurait été le seul effet de ses amendements. Si la Chambre les repoussait, tout était dit; elle avait le premier et le dernier mot dans les débats financiers. Ces conclusions semblent ressortir des paroles de M. Picard; elles sont confirmées par celles de M. Bernard, rapporteur de la commission, dans la séance du 21 décembre :

« Nous avons pensé que, quand un crédit proposé par le
« ministère a été discuté devant la Chambre des députés,
« qu'il ait été accepté ou repoussé par elle, il appartenait au
« Sénat, de par la Constitution, d'examiner à nouveau la
« question et de repousser ou d'accepter ce crédit, suivant sa
« volonté..... Et alors, quelle sera la solution du litige? Il
« me paraît incontestable que, quand la Chambre des députés
« a *refusé* un crédit, si le Sénat rétablit ce crédit, *c'est un*
« *appel qu'il fait à la Chambre des députés pour un nouvel*
« *examen. Mais si la Chambre des députés persiste à refuser*
« *ce crédit, il faut bien cependant le reconnaître, ce crédit ne*
« *peut pas figurer dans la loi de finances comme un crédit*
« *approuvé.* Pourquoi? Parce que la loi de finances comme
« toutes les lois a besoin pour être une loi, d'avoir reçu
« l'approbation commune de la Chambre des députés et du
« Sénat[1]. »

Ainsi, d'après l'honorable rapporteur, le Sénat n'a qu'un droit de remontrance. Son vote n'a qu'un effet : c'est de contraindre la Chambre à une nouvelle délibération : elle reste, au fond, maîtresse souveraine des dispositions à insérer dans la loi de finance. Après une seconde délibération, un second vote de la Chambre, le Sénat a épuisé son droit de remontrance; il enregistre la loi.

On n'avait jamais parlé ce langage à la Chambre des pairs;

_____________

[1]. *Journ. offic.* du 22 décembre 1876.

et comme le Sénat lui-même semblait consentir à limiter son droit dans ses effets, la Chambre prétendit le limiter dans ses cas d'application.

Le 28 décembre, le projet de budget fut de nouveau soumis à l'examen de la Chambre. Le Sénat y avait apporté, par voie d'amendement, les modifications suivantes :

1. Rétablissement de neuf crédits demandés par le Gouvernement;

2. Réductions sur les dépenses du Sénat et transport au ministère des travaux publics des garanties d'intérêts aux compagnies de chemins de fer;

3. Suppression des articles 7 et 14 de la loi des dépenses, portant, l'un que l'indemnité d'entrée en campagne serait supprimée pour les troupes du 19° corps d'armée (Algérie); l'autre, qu'il ne serait plus pourvu aux vacances dans le chapitre de Saint-Denis, et que le crédit affecté au chapitre serait annulé au fur et à mesure des extinctions;

4. Modifications aux articles 9, 15, 16, 17, relatifs : l'article 9, au régime de la construction des nouvelles lignes de chemins de fer; l'article 15, à la nomination des boursiers dans les séminaires; les articles 16 et 17, à la condition de résidence des desservants et vicaires.

La commission proposa par l'organe de son rapporteur:

1. De maintenir la suppression des neuf crédits rétablis par le Sénat;

2. De consentir les réductions sur les dépenses du Sénat, ainsi que le transport qu'il proposait, des garanties d'intérêts du ministère des finances au ministère des travaux publics;

3. De ratifier la suppression de l'article 7;

4. De maintenir dans leur rédaction primitive les articles 14, 15, 16 et 17 [1].

1. *Journ. offic.* du 29 décembre 1876.

Le président de la commission du budget, M. Gambetta,
prit la parole et fit l'exposé de la doctrine constitutionnelle
que les propositions de la commission traduisaient en faits;
mais que la majorité de ses membres n'avait pas voulu insérer dans le rapport[1].

Il y a là, dit-il, « un problème des plus épineux, des plus
« difficiles, dont les conséquences peuvent être diverses.

. . . . . . . . . . . . . . . . . . . . . . . . .

. . . . . . . . . . . . . . . . . . . . . . . .

« Où puisons-nous notre droit? Messieurs, il y a deux mé-
« thodes pour établir les droits politiques: il y a la méthode
« qui consiste à recourir à la tradition, et il y a la méthode
« directe, celle qui invoque les textes, la méthode constitu-
« tionnelle. Eh bien, quand on interroge les précédents,
« qu'est-ce qu'on rencontre dans notre droit politique depuis
« la Révolution française?..... Partout et toujours, on
« rencontre un principe uniforme:..... que la Chambre des
« députés, le Corps législatif possède seul l'initiative en ma-
« tière de lois d'impôts, tandis que la haute Chambre n'a
« qu'un droit de contrôle qui varie avec les régimes poli-
« tiques; tantôt, selon les uns, ce droit de contrôle, c'est
« le droit de s'opposer en bloc à la promulgation du budget,
« parce qu'elle lui apparaît comme inconstitutionnelle;
« c'est le régime impérial; tantôt, selon les autres, la haute
« Chambre n'a qu'une sorte de droit de remontrance, d'ob-
« servations, une espèce de droit qui figure à l'état de vœux,
« de réflexions, dont on retrouve la trace dans les rapports
« des commissions..... Mais quant à un pouvoir propre, à
« un pouvoir qui constituerait un droit d'initiative pour la

_______________

1. Voy., pour les passages cités du discours de M. Gambetta, le *Journ. offic.*
du 29 décembre.

« Chambre haute en matière d'impôts, en matière de dé-
« penses, ce pouvoir n'a jamais été concédé ni par les textes
« ni par la pratique. »

Voilà la thèse historique. La Chambre haute a un droit unique, celui de former des vœux en faveur du rétablissement d'un
crédit. Il lui est arrivé quelquefois, il est vrai, de déclarer
que si ses vœux n'obtenaient pas satisfaction l'année suivante,
elle userait du droit de rétablir directement les crédits supprimés par la Chambre élective. Mais ce droit, elle se l'attri-
buait en matière de *dépenses*, non en matière d'*impôts*; et
voici l'intérêt qui, au point de vue du droit moderne, s'attache
à cette distinction.

La charte de 1814, la charte de 1830 réservent à la
Chambre élective le droit d'initiative en matière d'*impôts*. Il
faut en conclure que la Chambre des pairs ne peut proposer,
par voie d'amendement, une augmentation d'impôt; mais
elle peut proposer une augmentation de *dépenses*[1].

Cette prérogative, très-contestable d'ailleurs, n'était jamais
exercée; il arrivait « que la Chambre des députés de ce ré-
« gime monarchique était véritablement la Chambre des
« contribuables, qu'en elle résidait le pouvoir pécuniaire,
« le pouvoir d'engager les dépenses et que la Chambre des
« pairs n'avait qu'un droit, un droit considérable, celui de les
« contrôler et de les restreindre, celui de refuser les taxes et
« les impôts qui auraient été une atteinte aux droits de pro-
« priété et de liberté des citoyens. »

---

1. L'orateur cite à l'appui de cette interprétation des paroles qui auraient été
prononcées par M. de Montalembert dans la séance du 25 juillet 1816, lors de
la discussion du budget des dépenses; cette citation est matériellement
inexacte. Les Chambres étaient en vacances à la date du 25 juillet. Le budget
des dépenses a été discuté à la Chambre des pairs dans les séances du 25 et
du 27 juin : nous n'avons pas retrouvé les paroles attribuées à M. de Montalembert dans les numéros du *Moniteur* qui rapportent ces deux séances.

Or, ce qui était ainsi le fait constant, sinon déjà le droit, est devenu le droit dans la Constitution de 1875. La preuve en est dans les travaux parlementaires dont la conclusion a été le vote du 25 février. Et ici, l'argument devient d'une remarquable habileté:

Les membres de la commission chargée d'élaborer les lois constitutionnelles ont précisément cherché « le moyen de « créer pour la Chambre haute non plus ce droit de con- « trôler qui avait appartenu aux Chambres hautes anté- « rieures, mais l'égalité, l'identité des attributions avec la « Chambre des députés, parce qu'ils savaient bien que s'ils « lui donnaient l'identité d'attributions, comme, d'autre part, « ils plaçaient entre ses mains des armes encore plus redou- « tables, l'égalité serait rompue au détriment de la justice. » C'est dans cet esprit que le rapporteur, M. Antonin Lefèvre-Pontalis, écrivait le passage suivant :

« Il ne restait à la commission pour accomplir cette tâche « qu'à déterminer les attributions du Sénat. Elles ne pou- « vaient être moindres que celles de la Chambre des députés « et elles devaient assurer au Sénat le vote de toutes les lois, « la plénitude de la puissance législative. Or, la loi ne serait « pas l'œuvre du Sénat s'il n'avait que le droit de s'y oppo- « ser sans avoir le droit de la reviser. Il doit donc participer « à titre égal aux attributions de la Chambre des députés, à « moins de lui être sacrifié. Il ne serait pas aussi déplacé de « revendiquer pour la Chambre des députés, nommée direc- « tement par tous les électeurs, le droit de régler seule les « les lois d'impôt et le budget qui, en Angleterre, restent « étrangers à la Chambre des lords et dans lesquels le Sénat « des États-Unis ne peut prendre aucune initiative.

« Mais, en France, n'est-ce pas dans la question de bud- « get et d'impôt que le contrôle du Sénat peut être le plus

« salutaire et le plus nécessaire ? N'y a-t-il pas dans les lois
« de finances des dispositions législatives qui pourraient
« désorganiser d'importants services ? Ne faut-il pas garantir
« les intérêts de la propriété, dont le Sénat doit être le gar-
« dien tutélaire, contre une répartition arbitraire des charges
« publiques, qui pourrait être le signal d'une révolution so-
« ciale ? »

La conclusion, c'était l'article 12 du projet, ainsi conçu :

« Le Sénat a, concurremment avec la Chambre des députés,
« l'initiative et la confection des lois. Toutefois, les lois de
« finances doivent être présentées en premier lieu à la Cham-
« bre des députés. »

Et voici l'argument, dépouillé des séductions oratoires de
cette puissante parole : le projet n'établit dans son article 12
qu'un simple ordre de discussion ; si on l'avait voté, le droit
que le Sénat s'est attribué aurait été son droit constitutionnel.
« Mais il s'est passé juste le contraire ! L'Assemblée a voté
« le contre-projet Wallon, ainsi conçu : « Toutefois, les lois de
« finances devront en premier lieu être présentées à la Cham-
« bre des députés et votées par elle. » Or, dans cette rédaction, deux points sont à relever : le mot *votées*, emprunté à
la charte de 1830, qui refuse énergiquement à la haute
Chambre toute initiative ; les mots *lois de finances* que la
commission avait insérés dans son projet pour donner, con-
trairement à la tradition « la plénitude législative à la Chambre haute », et qui, dans le projet Wallon, combinés avec
l'adjonction du mot *votées*, combinés avec la tradition parlementaire, conduisent à dénier au Sénat *toute* initiative ; dans
*toutes* les lois qui concernent la fortune publique, et non plus
seulement dans les lois d'impôt proprement dites.

C'est ici que se place la partie la plus originale et la plus
spécieuse de l'argumentation :

« Notre prétention est la suivante : c'est que, lorsqu'on
« vous a présenté un projet de loi financier que vous avez
« délibéré et que vous avez voté, s'il s'agit d'une dépense,
« c'est-à-dire de l'ouverture d'un crédit, quand vous l'avez
« supprimé, il ne reste plus rien de cette proposition faite
« par le cabinet dans le monument législatif que vous en-
« voyez devant la Chambre haute, et alors, devant la Chambre
« haute, pour pouvoir reprendre ce crédit qui est mort, qui
« n'a plus d'existence, de vie législative, il faudrait soutenir,
« qu'en matière d'ouverture de crédit, le Sénat a une force
« propre, une initiative personnelle..... Quand l'honorable
« ministre des finances vous apporte un projet, qu'est-ce qu'il
« vous apporte? Une motion ministérielle. Cette motion mi-
« nistérielle ne peut revêtir le caractère de législation, deve-
« nir un monument du droit qu'à une condition, c'est que
« vous y ayez appliqué votre ratification. Mais si vous n'avez
« pas déposé dans l'urne cette boule à l'aide de laquelle
« vous engendrez la vie légale de cette proposition ministé-
« rielle, qu'est-ce qui reste, Messieurs? Une feuille de papier...
« mais rien qui ait le caractère, la valeur, la portée législa-
« tives? Et alors si l'autre Chambre n'a pas le droit d'initia-
« tive, elle ne peut pas, avant que vous ayez voté un crédit
« analogue, l'examiner et le voter à votre tour. Ou les mots
« ne veulent rien dire..... ou l'article 8 signifie que, lorsque
« la Chambre des députés, la Chambre des contribuables, a
« refusé sa sanction à un projet de finances, le projet n'existe
« plus..... ou le Sénat puisera-t-il ce droit d'initiative, ce
« *motu proprio?* Ce n'est pas dans l'article 8; où donc?.....
« Il le puise dans sa volonté..... »

Le droit de rétablir des crédits ne peut reposer que sur le
droit d'initiative : il n'existe pas où le droit d'initiative fait
défaut. Voilà l'argument dans sa nudité. Et certes, pour

appuyer cet argument, si spécieux déjà dans la forme habile
dont il était revêtu, le président de la commission des finances
ne manquait pas de considérations frappantes: le dernier
mot, disait-il, doit appartenir à cette Chambre, « mais ce
« qui est vrai, c'est que le dernier mot appartient à celui qui
« a le droit de dissolution », et en terminant: « Si vous
« pensez qu'il vous est permis de livrer, même par prétéri-
« tion, un droit que vous avez reçu intact de vos prédéces-
« seurs....., ce droit que le peuple, dans son langage éner-
« gique et vital appelle les « cordons de la bourse », eh bien !
« si vous livrez les cordons de la bourse, c'est la bourse,
« c'est votre dignité, c'est votre indépendance, c'est votre
« pouvoir parlementaire dans l'avenir. »

Ainsi donc, si la Chambre supprime un crédit, tout est dit
et la question est vidée. Le Sénat ne peut que former des
vœux pour le rétablissement de ce crédit dans le budget
prochain; il ne peut même pas provoquer une seconde délibération de la Chambre; à plus forte raison, faut-il rejeter
« ce système de navette » qui consisterait à renvoyer le
point du litige à l'examen alternatif du Sénat et de la Chambre, jusqu'à ce que l'accord s'établisse. Sur ce point, c'est
dans sa réplique au président du Conseil que M. Gambetta
s'est prononcé:

« Je pose la question : La Chambre refuse tous les crédits ;
« que fait-on ? les reporte-t-on au Sénat et le Sénat a-t-il,
« oui ou non, le droit de les renvoyer à la Chambre ? Je ne
« donne pas mon opinion sur ce point: j'en ai une et elle
« est conforme, je crois, à l'article 8 de la Constitution ; je
« l'expliquerai quand le moment sera venu. » Il n'était pas
besoin d'explications; la pensée était des plus nettes.

Outre ce droit de contrôle, ce droit de remontrance, le
Sénat a des droits considérables: celui de réduire les dé-

penses; les crédits qu'il supprime sont « très-correctement supprimés »; celui de reviser les dispositions législatives adressées dans le budget avec un pouvoir égal à celui de la Chambre. « Nous reconnaissons que le Sénat use de son « droit d'égalité en matière d'initiative en revisant, en réta- « blissant, en substituant des rédactions à celles que vous « lui avez expédiées. »

Telle est la thèse qu'au nom de la gauche presque tout entière, le président de la commission des finances venait apporter à la tribune de la Chambre avec une rare puissance de dialectique. M. Jules Simon, président du Conseil, ré- pondit au nom du Gouvernement. Nous résumons briève- ment cette argumentation [1].

A l'opinion de la commission, voici la thèse qu'il oppose : le principe, c'est l'égalité du pouvoir législatif attribué à chacune des Chambres; il est posé dans la première partie de l'article 8. La seconde partie apporte une exception à ce principe, exception dont la portée est claire : la loi de finance est présentée d'abord à la Chambre, ensuite au Sénat; la Chambre vote d'abord; le Sénat vote ensuite comme la Chambre, avec les mêmes droits et les mêmes pouvoirs. D'ailleurs, le Sénat seul ne dispose de rien; il fait une pro- position à la Chambre; si celle-ci refuse de voter les crédits, les crédits n'existeront pas; ils n'existeront qu'autant que la volonté de la Chambre leur aura donné naissance. Si les deux Chambres sont en désaccord, et que le conflit persiste, il n'y a pour trancher la question d'autre voie que l'appel au pays par l'exercice du droit de dissolution. C'est la seule issue pour les conflits qui s'élèvent sur des lois de finance comme pour ceux qui s'élèvent sur d'autres lois.

1. Notre brièveté sur ce point s'explique par la critique que nous faisons plus loin de l'opinion de la commission du budget.

La Chambre adopta les conclusions de la commission du budget. Le Sénat vota le budget sans soulever un nouveau débat.

En 1879, la question reparut, mais avec moins d'éclat: il n'y eut point de discussion de principes, point d'exposé doctrinal des droits des Chambres. On sut que les membres de la commission de la Chambre adoptaient et appliquaient le principe de la commission de 1876. M. Wilson affirma dans son rapport que la question de droit était tranchée; le Sénat laissa passer sans protester et le rapport et le vote qui suivit[1].

En résumé, trois opinions, trois doctrines différentes s'é-taient fait jour dans ce grand débat.

1. Celle de la commission du budget de la Chambre, qu'on peut formuler dans les propositions suivantes :

Le Sénat ne peut, par *un amendement*, rétablir un crédit supprimé par la Chambre des députés, ou introduire dans la loi un crédit nouveau; il ne le peut pas, parce qu'il n'a aucune *initiative* en matière de lois de finance. Il ne peut, s'il regrette la suppression ou l'omission d'un crédit dans le projet qui lui est soumis, qu'émettre un vœu, dont, l'année suivante, la Chambre des députés tient tel compte qu'elle juge convenable. Mais il a le pouvoir de supprimer des crédits adoptés par la Chambre. Il a le droit de rejeter l'ensemble de la loi.

2. Celle qui semble se dégager des paroles prononcées à la tribune du Sénat par MM. Ernest Picard et Bernard. Le Sénat, dans cette opinion n'aurait, comme dans la première qu'un droit de remontrance; mais ce droit, au lieu de se manifester timidement dans une phrase du rapport, pourrait

1. Voy. le *Journ. offic.* des 9, 17, 19 et 22 décembre 1879.

légitimement revêtir la forme d'un vote, amendant le projet de loi. Cet amendement aurait pour effet d'obliger la Chambre à une seconde délibération. Mais le second vote de la Chambre tranche définitivement la question.

Cette doctrine diffère de la doctrine qui prévaut à la Chambre sous trois rapports : 1° sous le rapport de la forme de procéder : l'amendement et le vote sont substitués à la *déclaration* insérée dans le rapport de la commission; 2° sous le rapport de l'effet : une délibération nouvelle de la Chambre devient *nécessaire;* 3° sous le rapport des cas d'application. Les orateurs dont nous résumons ici l'opinion[1] n'ont fait aucune distinction entre l'amendement qui rétablit ou introduit un crédit et l'amendement qui supprime un crédit.

3. Enfin, la doctrine défendue par M. Jules Simon. L'article 8 n'établit qu'un ordre de discussion et de vote, dont l'effet est sans doute de donner à la Chambre une influence prépondérante dans la préparation de la loi de finance, mais il n'enlève au Sénat aucun des droits qu'il a sur tout projet de loi déjà voté par la Chambre.

Nous n'hésitons pas à nous ranger, sans réserves, à cette dernière opinion. Nous allons essayer d'établir la vérité juridique de cette doctrine par l'examen critique des deux opinions qui ont été soutenues contre la nôtre.

Une observation qui s'applique aussi bien à l'une qu'à l'autre des deux doctrines que nous combattons, c'est celle-ci : A-t-on réfléchi aux conséquences qu'elles entraînent, et si on les a prévues, sur quoi s'appuie-t-on pour les justifier ?

Dans l'opinion défendue en 1876 et en 1879 par la commission de la Chambre, on admet que le Sénat peut supprimer, par voie d'amendement, des crédits votés par la Chambre. Supposons donc que le Sénat ait en effet apporté

1. Probable.

de tels amendements à la loi de finances : le projet amendé revient devant la Chambre et elle vote le rétablissement des crédits. Est-ce là le « dernier mot » ? Le Sénat n'a-t-il plus qu'une chose à faire : enregistrer docilement le projet deux fois adopté par la Chambre des députés ?

Cette question qu'on peut poser aux partisans de la doctrine qui a prévalu à la Chambre, dans le cas où le Sénat réduit ou supprime des dépenses, on peut la poser aussi aux sénateurs qui définissent leur droit un *droit de remontrances qui peut s'exercer par la voie des amendements*, et cela, dans tous les cas, que l'amendement ait eu pour objet de créer ou de rayer une dépense.

Que répondrez-vous ? Si vous dites : Le Sénat doit enregistrer la loi, quel est en somme le droit que vous lui reconnaissez ? Un *veto suspensif*, comme celui que le pouvoir exécutif possède dans certains pays ; le *veto* de Louis XVI, et celui du président des États-Unis. Voilà, d'après vous, la nature du droit que vous reconnaissez au Sénat. Nous demandons où, dans quel article de la Constitution de 1875, il y a traces d'un pareil pouvoir ; nous demandons où, dans quel pays, un tel pouvoir est attribué à une branche du pouvoir législatif.

Si vous dites : Non, nous n'acceptons pas pour le Sénat ce rôle humiliant d'une Chambre d'enregistrement, dont tout le pouvoir se bornerait à provoquer une délibération nouvelle ; vous voilà forcés d'admettre et de pratiquer ce fameux « système de navette » que vous raillez tant. Il ne reste plus rien alors du système intermédiaire indiqué par MM. Picard et Bernard : le *veto suspensif* que l'on accordait, le voilà devenu un *veto absolu*. Mais que reste-t-il de la théorie soutenue par la commission du budget à la Chambre ? le vote de la Chambre des députés qui ouvre des crédits, ordonne des dépenses, est à l'abri de toute critique du Sénat s'il juge ces dépenses insuffisantes, ces crédits trop restreints. S'il les juge trop larges, au contraire, il a le droit de les critiquer; par ses votes répétés, il peut provoquer plusieurs délibérations nouvelles dans l'autre Chambre : si le conflit persiste, il peut, avec le concours du pouvoir exécutif, prononcer la dissolution de la Chambre et l'appel au pays.

Voilà deux situations bien différentes, bien distinctes : tantôt, en effet, le Sénat n'a pas un atome de pouvoir; tantôt, il a un pouvoir égal à celui de la Chambre; bien plus, un pouvoir prépondérant, car il tient suspendue sur elle la menace d'une dissolution ! Si c'est là votre doctrine, encore une fois, sur quoi la fondez-vous? Une différence aussi considérable entre deux situations qui toutes deux sont produites par le rôle et le pouvoir du Sénat, en matière de finances, tels que la Constitution les a définis, tels que les usages parlementaires les ont faits, doit être au moins indiquée dans le texte constitutionnel, et se justifier par des considérations puissantes de l'ordre rationnel.

Nous les cherchons sans les trouver. Ce que nous voyons fort bien, c'est que, tout service public ayant au budget annuel son article, son crédit, tous les services publics sont être entre les mains de la Chambre, à sa merci, sans que le Sénat puisse s'opposer à la destruction des organismes qu'il croirait nécessaires à la vie et à l'action de l'État.

On répondra peut-être que nous confondons deux questions. Autre chose est de savoir quels sont les pouvoirs du Sénat en matière de lois de finances; autre chose, s'il est constitutionnel, parlementaire, d'insérer dans une loi de finance des dispositions qui n'y ont pas leur place marquée, tant à raison de l'objet qu'elles règlent, qu'à raison de leur caractère définitif.

Mais nous ne tombons nullement dans cette confusion. Il est facile de voir, en effet, que, sans rejeter complétement un crédit, sans paralyser d'une façon claire et avouée une des institutions du pays, on peut apporter à la dépense nécessaire à cette institution des restrictions telles qu'elle soit frappée de mort. Et alors le Sénat, qui ne peut pas rétablir un crédit, engager une négociation avec la Chambre pour arriver à une entente, le Sénat prononcera la dissolution. Est-ce là l'avantage qu'on se promet de ce système?

En réalité, on écarte tout examen sérieux de la loi de finance au Sénat. Voici un budget : c'est un ensemble de dépenses appropriées à tels et tels services. La répartition des crédits peut avoir été mal faite ; les rétablissements de crédit, l'augmentation des dépenses ne vont guère sans des suppressions, des réductions de crédit dans d'autres chapitres. On se préoccupe de la somme totale qu'il faudra faire peser sur le pays : c'est là l'idée dominante, toujours présente à l'esprit d'un corps législatif qui délibère sur le budget national. Eh bien, quelle situation fait-on au Sénat ? Les réductions qu'il fait seraient légitimement faites, les augmentations de dépenses seraient un excès de pouvoir ! Mais on ne sépare pas l'augmentation et la diminution des crédits : ce sont des mesures qui ont un lien trop intime entre elles pour être envisagées séparément. De deux choses l'une : ou supprimez tout droit de critique au Sénat, ou donnez-lui ce droit tout entier, avec la possibilité de l'exercer d'une façon sérieuse et féconde. Mais vous ne voulez ni de l'une ni de l'autre de ces solutions, et celle que vous adoptez est contradictoire.

Elle se fonde, dites-vous, sur l'origine diverse des deux Chambres. La Chambre des députés est vraiment « la Chambre des contribuables » ; le Sénat ne représente pas la population ; la loi électorale donne à toutes les communes, aux plus insignifiantes comme aux plus considérables, la même influence. Oui, sans doute, et nous sommes tous d'accord sur ce point, il faut en France que la Chambre des députés ait sur la loi des dépenses, sur la loi de l'impôt, une influence prépondérante ; mais quelle est cette influence et quelles voies faut-il prendre pour assurer cette influence à la Chambre populaire ?

Faudra-t-il qu'elle se prive du concours de l'expérience et des lumières de ces hommes, considérables dans le pays, ayant la connaissance des affaires publiques, l'intelligence supérieure des questions, possesseurs des hauts talents, qui trouvent leur place naturelle dans cette Chambre, la *première Chambre* d'une démocratie ? Non, évidemment ; qui peut le désirer ? Ce qu'il faut, c'est qu'une dépense ne puisse être faite, c'est qu'une charge publique ne puisse être établie sans l'aveu, sans le consentement de la Chambre des députés. Ce qu'il faut, c'est que ses vues, à elle, soient celles qui se traduiront dans l'ensemble de la loi de finance. Or, c'est à ce résultat précisément que nous arrivons en lui donnant le droit de discuter et de voter la première : l'œuvre qui sortira de ses mains pourra être retouchée, corrigée ; elle restera sienne, cependant, elle portera toujours l'empreinte de ses idées et de ses tendances.

Il est vrai, la Chambre sera amenée à transiger quelquefois, à faire des concessions ; nous répondons : Le régime parlementaire est un régime qui vit de compromis et de transactions. La transaction est la définition de la politique libérale qui veut rester une politique et qui ne veut pas devenir autoritaire. S'il y a des conflits, les électeurs se prononceront. Aussi bien, dans le système contraire, croit-on qu'on écarte les conflits ? On les multiplie bien plutôt, car en empêchant le Sénat de traduire ses idées par des votes pacifiques, de les faire prévaloir par des négociations entre les membres et les commissions des deux Chambres, on le pousse aux mesures plus violentes, à la dissolution.

Mais, dit-on, voyez le texte, les travaux préparatoires, les précédents. Voyons.

Les précédents ? Nous serons brefs sur ce point. Il est vrai que la Chambre des pairs n'a jamais amendé le budget; mais elle a délibéré sur des amendements en 1817, et en 1830 elle a affirmé énergiquement son droit d'amendement, dans le sens le plus étendu et le plus large du terme ; mais les lois des comptes, les lois portant ouverture de crédits extraordinaires ont reçu fréquemment des amendements de la haute Chambre. Il y a plus : en 1829, la Chambre des pairs a fait précisément ce qu'aujourd'hui l'on prétend que le Sénat n'a pas pouvoir de faire : elle a rétabli un crédit à la charge du Trésor public. La Chambre des députés n'a pas consenti, sans doute, à ce rétablissement; mais pourquoi ? Parce qu'à ses yeux il était inopportun, et non parce que le vote des pairs était inconstitutionnel.

Voilà les précédents. Ce n'est pas en présence de ces témoignages si clairs, si concordants, qui remontent aux premiers jours de notre vie parlementaire, que l'on peut présenter le droit du Sénat comme une « nouveauté ».

A cet argument si fort on essaye d'échapper par une subtilité. Les chartes attribuaient à la Chambre des députés l'initiative des lois d'*impôt*; la Chambre des pairs pouvait donc se croire une initiative en matière de *dépenses*. Il n'en est plus de même aujourd'hui: le texte de l'article 8 en fait foi :

« Le Sénat a, concurremment avec la Chambre des députés, l'initiative et la confection des lois.

« Toutefois, les *lois de* FIXANCES doivent être en premier lieu présentées à la Chambre des députés et *votées* par elle. »

Une simple remarque d'abord : nous admettrons ce raisonnement quand on nous aura démontré que la variation des dépenses n'a pas d'influence sur la fixation des recettes nécessaires à l'État, c'est-à-dire de l'*impôt*. Il est trop clair que ce sont là deux plateaux qui se font équilibre, et qu'il faut charger l'autre, si on charge le premier. Mais venons-en à cet argument qui est, en somme, toute la théorie que nous combattons : le Sénat n'a pas d'initiative en matière de mesures financières ; il ne peut donc, par voie d'amendement, introduire dans le projet de loi que lui envoie la Chambre, une disposition nouvelle.

On pourrait objecter, non sans raison, qu'alors le Sénat n'a pas davantage le droit de supprimer, par exemple, une des dispositions, un des articles du projet. Car enfin, c'est prendre une initiative en matière de *finances*, et puisqu'on argumente du mot, nous avons bien le droit de nous en emparer à notre tour. Cette conséquence est rigoureusement déduite du principe, que là où n'existe pas le droit d'initiative, n'existe pas non plus le droit d'amendement. Mais le principe lui-même est faux.

Il est vrai qu'en votant le projet de budget, la Chambre « l'engendre à la vie légale » et que du projet ministériel, il ne reste rien « qu'une feuille de papier ». Il est très-vrai qu'en introduisant un crédit nouveau dans ce projet, le Sénat à son tour « engendre à la vie légale » une charge publique, un impôt, et que, dans la langue usuelle, cela s'appelle une *initiative*. Mais il n'en a jamais été ainsi dans la langue parlementaire. Fixons-nous sur ces termes : *initiative, amendement*.

Un projet de loi est un ensemble de dispositions ayant entre elles une cohésion, une relation intime, nées du même besoin et tendant au même but. Présenter un projet de loi, c'est exercer le *droit d'initiative.* Apporter à l'une ou à plusieurs des dispositions de ce projet une modification quelconque, touchant au fond ou à la forme, mais qui ne transforme pas le caractère de l'ensemble et ne lui assigne pas un but différent, c'est exercer le *droit d'amendement.*

La preuve, c'est que si l'on repousse la loi dans son objet et dans son esprit, on n'y propose pas d'amendement : suivant les cas, on se borne à voter le rejet, ou l'on propose un *contre-projet.* La pratique de la vie parlementaire révèle chaque jour l'exactitude de ce point de vue. Sans doute, l'*amendement,* émané du *droit d'amendement,* peut côtoyer de près le *contre-projet,* émané du *droit d'initiative;* les distinguer est affaire de tact parlementaire.

Le *droit d'initiative,* en un mot, s'entend d'une création d'ensemble; le *droit d'amendement,* d'une modification de détail. Le Sénat, qui n'a pas le premier, jouit certainement du second, et c'est l'article 8 lui-même qui nous le dit : ce sont, aux termes de cet article, les *lois de finances* qui doivent en premier lieu être présentées à la Chambre et votées par elle; c'est aux *lois de finances* que s'applique la disposition qui leur réserve l'*initiative;* les deux termes s'éclairent l'un par l'autre et prouvent très-clairement que c'est dans le sens habituel de la langue parlementaire que l'on a employé dans notre texte le mot d'*initiative.* Mais le *droit d'amendement* qui, dans cette langue des assemblées politiques, est autre chose que le droit d'initiative, qui s'applique à des *amendements,* c'est-à-dire à des actes de la vie législative distincts des *projets de loi* et des *contre-projets,* ainsi caractérisé, ainsi défini, n'est pas refusé au Sénat par le second alinéa de l'article 8; il faut

aller plus loin et dire que du rapprochement des deux parties de cet article, il ressort la preuve évidente et irrécusable
que le Sénat a le droit d'amendement; car il a, « concurrem-
« ment avec la Chambre des députés, l'initiative et la confec-
« tion des lois », et à cette disposition qui est le principe,
qui est la règle générale, comment la seconde partie du texte
vient-elle déroger? « Les lois de finances doivent être *en pre-
« mier lieu présentées à la Chambre des députés et votées
« par elle.* » C'est l'ordre de la discussion et du vote, c'est
une question de procédure qui est réglée par ce texte, comme
par la charte de 1830, comme par la charte de 1814; ce
qui appartient à la Chambre, c'est la création, l'élaboration
de cet ensemble de prévisions, de calculs, de voies et moyens
qui constituent un projet de loi financier, c'est là son domaine propre et réservé; le soin de perfectionner, de corriger
la loi appartient aux deux Chambres : c'est un domaine qui
s'ouvre à l'activité et aux idées de chacune, de la Chambre
haute comme de la Chambre des députés.

Vous êtes démentis, nous dit-on, par les travaux préparatoires de la Constitution, ou plutôt, par la nature du vote qui
a fait la Constitution. Examinons l'objection.

Il est bien certain que dans le projet de la commission le
Sénat était doté du droit d'amender les lois de finance. Sur
ce point, aucun doute n'est possible; les termes dans lesquels est conçu le rapport de M. Lefèvre-Pontalis ne per-
mettent aucune équivoque. C'est là un point de départ qui
nous est commun avec nos adversaires.

Mais, disent-ils, la rédaction de l'article 8 du contre-projet Wallon, qui correspond à l'article 12 du projet de la
commission, contient le mot *votées* qui ne se rencontre pas
dans la rédaction de la commission. Cela est vrai; mais ce
mot *votées* se trouve dans la charte de 1830, et la charte

de 1814 emploie le mot *admises* qui est un équivalent. Or, on sait quelle était sous ces deux régimes l'interprétation donnée à la règle qui, aujourd'hui, figure dans l'article 8 de notre Constitution. On ne peut donc tirer de l'insertion de ce terme aucune conséquence; il n'a été introduit dans la rédaction définitive du texte constitutionnel que dans un intérêt d'exactitude et de précision.

Comment admettre, en effet, qu'un revirement se soit produit sur cette question du droit d'amendement du Sénat, qu'on ait voulu se séparer sur ce point du projet de la commission et que, d'un changement aussi considérable dans le projet constitutionnel, il n'y ait dans la discussion nulle trace, nul vestige ? Que l'on consulte cette discussion : on verra qu'elle a porté tout entière sur le recrutement du Sénat. Là était le point qui intéressait les esprits; quant à l'article 8, il fut adopté sans observations, sans un mot d'explication. Mais il y a mieux : dans la séance du 22 février 1875, M. Lefèvre-Pontalis fit un rapport supplémentaire au nom de la commission, et déclara que la commission ne se séparait du contre-projet Wallon que sur deux points : 1° la participation des plus imposés à la nomination des délégués des conseils municipaux; 2° l'attribution au Président, ou à l'Assemblée, du droit de nommer les sénateurs inamovibles. Cette déclaration lève tous les doutes, et il demeure absolument certain que l'article 8 de la Constitution a exactement le sens et la portée de l'article 12 du projet de la commission.

Nous affirmons donc énergiquement le droit pour le Sénat français, d'amender les lois de finances de la façon qu'il juge convenable; nous affirmons que ce droit d'amendement ne comporte aucune restriction, qu'il comporte aussi bien le rétablissement que la suppression d'un crédit; nous affirmons que l'effet des amendements votés par le Sénat est aussi plein qu'il est possible, et que sur tous les points de la loi de finance, comme d'une autre loi, l'accord doit s'établir entre les deux Chambres pour que la loi soit parfaite.

Nous venons d'exprimer ce que nous croyons être la vérité juridique sur la question du droit d'amendement du Sénat. Nous devons reconnaître cependant qu'une jurisprudence parlementaire opposée à notre opinion est peut-être à la veille de se former. L'attitude décidée de la majorité de la Chambre, la résistance timide et molle qu'en 1876 et en 1879, le Sénat a opposée à ce qui, dans notre pensée, est une usurpation sur la Constitution, le soin qu'il a mis à éviter de résoudre la question de principe, à son tour, d'une façon nette et catégorique, ces circonstances font craindre que le jour ne soit proche où, à la tradition ancienne de nos assemblées législatives, une autre tradition se sera substituée. Le jour où cette nouvelle jurisprudence constitutionnelle se sera formée, il faudra, croyons-nous, s'incliner et, pour notre part, nous n'hésiterons pas, en tant que juriste, à nous ranger du côté de nos adversaires actuels. Il faut en effet le reconnaître: en France, plus que partout ailleurs, les pouvoirs constitutionnels sont ce que les font les corps qui les exercent. Ce n'est pas l'esprit de tradition qui produit chez nous le résultat; c'est la façon dont nous avons toujours envisagé le pouvoir législatif. L'esprit français ne le sépare pas volontiers du pouvoir constituant. L'interprétation d'un texte constitutionnel douteux sera très-légitimement donnée en France par le Corps législatif. Supposez qu'aux États-Unis une loi d'impôt soit amendée par le Sénat; que la Chambre rejette l'amendement et que le Sénat vote la loi en déclarant qu'il est *tenu de l'enregistrer:* qu'arrivera-t-il? Les citoyens refuseront l'impôt et le pouvoir judiciaire leur donnera raison. En France, le pouvoir judiciaire se déclarera incompétent, alléguant le caractère gouvernemental et législatif de l'acte attaqué. En Amérique, la Constitution est défendue contre le Corps législatif lui-même, contre ses faiblesses ou ses complots; en France, l'omnipotence parlementaire n'a pas ce frein nécessaire du pouvoir judiciaire.

On a mis en avant, en décembre 1879, l'idée d'une révision de l'article 8. Nul doute qu'un texte douteux, donnant lieu à des interprétations divergentes et à des conflits entre les deux branches du pouvoir législatif, ne soit un motif fort légitime pour convoquer l'Assemblée nationale et procéder à la révision du texte, à sa rédaction dans une forme nouvelle qui lève les doutes et tranche les difficultés. Mais ne serait-il pas plus simple que le Sénat affirmât son droit, le maintint d'une façon à la fois ferme et politique?

Nous posons la question: la résoudre serait sortir de l'objet de notre travail; mais notre opinion est qu'il faut affermir en France l'autorité et l'ascendant de la première Chambre, et que c'est là une condition de stabilité et de progrès pour les institutions démocratiques et républicaines que la France s'est données.

# POSITIONS

---

## Droit romain.

I. — Le *nomen transcriptitium* est un titre indépendant du *codex*: il n'est point inscrit sur les *tabulæ accepti et expensi* et n'a, avec ces livres domestiques, aucune relation matérielle ou juridique.

II. — Il en est de même du *nomen arcarium*.

III. — Le *nomen transcriptitium* suppose nécessairement une obligation préexistante, laquelle est novée par la *transcriptio*.

IV. — Les *syngraphæ* et les *chirographa* ne constituent pas des obligations *litteris*, mais doivent être considérés comme de simples instruments probatoires.

V. — L'obligation *litteris* est disparue dans le droit de Justinien.

## Histoire du Droit.

La saisine héréditaire a été connue et réalisée par le droit romain.

Les héritiers siens et les héritiers simplement nécessaires acquéraient *ipso jure* la possession en même temps que la propriété de l'hérédité.

## Droit public.

I. — Il résulte de l'article 8 de la Constitution de 1875, et des précédents parlementaires, qu'il appartient au Sénat d'amender les lois de finances. Ce droit d'amendement ne peut être restreint au droit de supprimer des crédits, de diminuer des dépenses ; il est, au contraire, absolu, et le Sénat l'exerce légitimement en rétablissant des crédits supprimés par la Chambre des députés.

II. — L'abrogation de l'article 75 de la Constitution de l'an VIII n'a pas porté atteinte au principe de la séparation des pouvoirs.

## Droit civil.

I. — La qualité de prêtre ne constitue ni un empêchement dirimant, ni même un empêchement prohibitif au mariage.

II. — L'existence du premier époux ne peut servir de motif à l'officier de l'état civil pour se refuser à la célébration du mariage d'une femme divorcée, à l'étranger ;

Même au cas où ce mariage serait contracté avec un Français ;

Même au cas où la femme divorcée, d'origine française, aurait repris la qualité de Française : ce qu'elle est autorisée à faire en remplissant les conditions prescrites par l'article 19 du Code civil ;

Et le mariage, contracté à l'étranger, par une femme française, séparée de corps en France, puis naturalisée étrangère et divorcée, est valable devant la loi française ;

Sauf le cas où la naturalisation aurait eu pour but exclusif de faire fraude à la loi française.

III. — La condition de se remarier, comme la condition de se marier, doit être réputée non écrite aux termes de l'article 900 du Code civil.

IV. — La quotité disponible en faveur de l'héritier qui renonce est la même que celle en faveur d'un étranger ; il ne faut pas joindre, pour la calculer, la portion de la réserve à laquelle il aurait eu droit à la quotité disponible ordinaire ;

. Mais, vis-à-vis des donataires et légataires, il convient d'imputer les dons ou legs faits à l'héritier renonçant sur sa part dans la réserve des héritiers.

V. — La séparation des patrimoines n'est pas un privilége ; elle n'engendre aucun droit de suite et ne crée de droit de préférence qu'à l'encontre des créanciers personnels de l'héritier.

## Procédure civile.

I. — L'exercice de la réintégrande n'exige pas la preuve de la possession annale.

II. — L'*exequatur* nécessaire pour rendre exécutoire en France un jugement rendu par un tribunal étranger doit être donné sans examen du fond du litige.

## Droit commercial.

I. — La femme ne peut être marchande publique sans le consentement de son mari, et, en cas de refus de la part du mari, la justice ne peut autoriser la femme.

II. — Le privilége du voiturier s'éteint quand il se dessaisit de la chose.

## Droit criminel.

I. — Le droit de réponse accordé par la loi de 1822, à toute personne nommée ou désignée dans un journal, est général et absolu. La personne désignée est seule juge de la forme et du fond de la réponse, sans qu'il soit nécessaire qu'elle ait un rapport direct avec l'article qui l'a provoquée;

La seule restriction que les tribunaux puissent apporter à l'exercice de ce droit, c'est de protéger l'honneur du journaliste contre les allégations de la réponse.

II. — La loi de 1819 ne réprime pas la diffamation des morts.

Vu par le président de la thèse.

*Nancy, le 13 juillet 1880.*

Jules LIÉGEOIS.

Vu par le doyen de la Faculté.

*Nancy, le 13 juillet 1880.*

E. LEDERLIN.

Vu et permis d'imprimer.

*Nancy, le 13 juillet 1880.*

*Le Recteur,* M. MOURIN.

Nancy, imp. Berger-Levrault et Cie.